百年国企录

济南市人民政府国有资产监督管理委员会 主编

山东城市出版传媒集团·济南出版社

图书在版编目（CIP）数据

百年国企录 / 济南市人民政府国有资产监督管理委员会主编 . — 济南：济南出版社，2022.6

ISBN 978-7-5488-5150-9

Ⅰ . ①百… Ⅱ . ①济… Ⅲ . ①国有企业—企业改革—济南—文集 Ⅳ . ① F279.275.21-53

中国版本图书馆 CIP 数据核字（2022）第 088775 号

百年国企录

出 版 人：田俊林
图书策划：刘春艳
责任编辑：赵志坚　刘春艳　李文文　孙亚男
封面设计：谭　正
出版发行：济南出版社
地　　址：济南市市中区二环南路1号 （250002）
邮　　箱：976707363@qq.com
印 刷 者：济南新先锋彩印有限公司
成品尺寸：185mm×260mm　1/16
印　　张：15
字　　数：236千字
出版时间：2022年6月第1版
印刷时间：2022年6月第1次印刷
定　　价：98.00元

编审委员会

编者的话

2021 年是中国共产党成立 100 周年，100 年的风雨兼程，100 年的沧桑巨变。百年来，国有企业为济南经济发展和城市建设做出了不可磨灭的贡献。

它们伴随着这个城市生长，为这个城市宏大蓝图的实现培土夯基、立柱架梁；它们与时代同频共振，在改革创新中激扬出新的力量。

济南市国有企业的前世今生，与中国共产党成立、中华人民共和国成立、改革开放、党的十八大……每个历史发展的节点相伴随。金钟集团始创于1918 年，机床二厂始建于 1937 年，轻骑集团始建于 1956 年，小鸭集团创建于 1979 年，还有曾经的济南国资系统"五朵金花"……这些老牌国企，历经了几十年甚至上百年的风雨。在今天，或许会给人以英雄迟暮之感，但它们曾经创造了一个又一个辉煌的成就，在济南经济发展的历史上留下了最浓墨重彩的一笔。

党的十八大以来，习近平总书记站在党和国家发展全局的战略高度，针对国资国企改革发展发表了一系列重要讲话，做出了一系列重要指示批示，为深入推进国资国企改革发展指明了方向，提供了根本遵循。

在济南市委、市政府的正确领导下，济南国资系统认真贯彻落实新发展理念，坚持党的领导，加强党的建设，深入实施国企改革三年行动方案，通过改革激发企业发展的内生动力：积极推进体制机制改革，加快混改上市，深化企业整合重组，并先后组建成立城市发展集团、融资担保集团、能源集团、财政投资基金集团，提高了国有资本统筹运营能力，国有资本运行质量显著提升。

同时，老牌国企实施创新驱动战略，在市场竞争日趋激烈的环境下，又焕发新生机。

数字可以说明一切。从 2004 年市国资委成立之初至 2020 年底，监管企业资产总额增至 11973.10 亿元，所有者权益增至 2473.11 亿元，利润总额增至 94.37 亿元，营业收入增至 1081.21 亿元。

做强做优做大的发展背后，正是来自改革开放的伟力和活力。

2021 年是"十四五"开局之年，也是济南贯彻落实黄河流域重大国家战略、建设新时代现代化强省会的起步之年。在这一进程中，国有企业的力量更是不容忽视。国企的高质量发展关系到济南"工业强市"战略的推进，关系到"强省会"战略的突破，也关系到济南在全国城市竞争中的位次。

一滴水也能反射出太阳的光辉。《百年国企录》，记录了百年来济南国资国企改革发展的生动实践，是中国共产党建党 100 周年社会发展变化的一个缩影。

抚今追昔，成绩令人鼓舞；展望未来，使命催人奋进。

全市国资系统将在以习近平同志为核心的党中央坚强领导下，以习近平新时代中国特色社会主义思想为指导，牢记初心使命，按照市委、市政府的统一部署，全力推进国资国企改革发展，努力做强做优做大国有资本，奋力开创国资国企高质量发展新局面，为建设新时代现代化强省会贡献更大力量！

（写于 2021 年）

引　言

雄厚的国有资产及强大的国有经济，是建设中国特色社会主义重要的物质基础，是整个国民经济不可或缺的支柱。在社会主义市场经济条件下，进一步加强和深化国有经济体制改革，对于增强我国经济实力、全面推进建设中国特色社会主义的各项事业，都具有举足轻重的关键作用。

中华人民共和国成立以来，在党中央的坚强领导下，国有企业始终与中华人民共和国同成长、共进步，发生了翻天覆地的变化，取得了辉煌的历史性成就。国有企业从小到大、从弱到强的发展史、奋斗史，成为中华人民共和国建设史、发展史的生动缩影。

70余年来，国有企业改革始终是整个经济体制改革的中心环节。党的十一届三中全会提出要让企业有更多的经营管理自主权，先后在国有企业推进了扩大企业经营自主权、利润递增包干和承包经营责任制的试点，调整了国家与企业的责权利关系，进一步明确了企业的利益主体地位，调动了企业和职工的生产经营积极性，增强了企业活力，为企业进入市场奠定了初步基础。

党的十四届三中全会则明确了国有企业改革的方向是建立"产权清晰、权责明确、政企分开、管理科学"的现代企业制度。党的十五大提出，要把国有企业改革同改组、改造、加强管理结合起来。要着眼于搞好整个国有经济，抓好大的，放活小的，对国有企业实施战略性改组。要实行鼓励兼并、规范破产、下岗分流、减员增效和再就业工程，形成企业优胜劣汰的竞争机制。在党的十五届四中全会通过的决定中，进一步阐明了国有企业改革发展的基本方向、主要目标和指导方针，明确了国有经济布局战略性调整的方向。

针对长期制约国有企业改革发展的体制性矛盾和问题，党的十六大提出深化国有资产管理体制改革的重大任务，明确提出：国家要制定法律法规，建立中央政府和地方政府分别代表国家履行出资人职责，享有所有者权益，权利、义务和责任相统一，管资产和管人、管事相结合的国有资产管理体制。

贯彻落实党的十六大精神，中央、省、市（地）三级国有资产监管机构相继组建，《企业国有资产监督管理暂行条例》等法规规章相继出台，在国有企业逐步实施了企业负责人经营业绩考核，国有资产保值增值责任层层落实，国有资产监管进一步加强。国有资产管理体制的创新进一步激发了国有企业的活力，国有企业改革取得了重大进展，进入了一个新的阶段。

周虽旧邦，其命维新。

我国国有资产监管体制几经变迁，不断完善。从最初的分行业管理到国家国有资产管理局再到如今的国务院国资委，国有资产管理机构经历了多次颠覆性的重构，其职责随着社会主义市场经济体制的不断完善而更加清晰，监管的专业性、系统性、针对性、有效性有了长足进步，监管方式也更加适应市场化、法治化的要求。

实践证明，只有在"一盘棋"的国有资产监管体制下，全民所有的国有资产配置效率才能更快提高，流失的风险才能更好地防范。

（写于2021年）

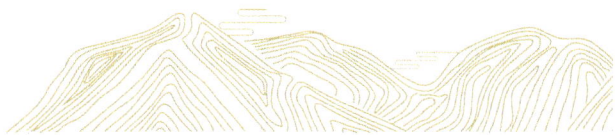

目 录

继往开来满目新，济南国资国企改革在路上

2004 年 9 月 11 日，济南市国有资产监督管理委员会正式挂牌成立。这一天，成为济南市国有企业和国有资产监管方式发生深刻变化的一个重要起点。

17 年风雨兼程，济南国企改革攻坚克难、上下求索，走过了一段极不平凡的历程——

从确立"三个一批"改革思路，到 2013 年开始实施帮扶解困战略，再到 2017 年全市国有企业统一监管，再到从"管企业"向"管资本"转变……济南市不断深化国有企业改革，使济南国有资产监管体制、国有企业运行机制、国有经济布局结构发生了巨大变化。

济南国企改革的 17 年，不只是一串串枯燥的数字，更是一个个鲜活而富有生命力的改革样本。脱胎换骨的快速发展背后，是来自于改革的伟力。如今，重大举措层层落实，鲜活实践不断涌现，一大批更具活力、更有效率、更有竞争力和影响力的国有企业正脱颖而出，勇当"现代化强省会"排头兵。

国资监管部门成立，监管体系逐步完善（2004 年—2006 年）

时间回溯到刚刚进入 21 世纪时，国有资产管理体制改革相对滞后带来的一些矛盾和问题不断显现。一方面，政府的公共管理职能与国有资产出资人职能没有分开，"产权清晰、权责明确、政企分开、管理科学"的现代企业制度很难真正建立起来；另一方面，国有资产监管职能分散在政府多个部门，出现了"五龙治水""九龙治水"的现象，权利、义务和责任不统一，管资产和管人、管事相脱节，国有资产监管缺乏明确的责任主体。

党的十六大提出，国家要制定法律法规，建立中央政府和地方政府分别代

表国家履行出资人职责，享有所有者权益，权利、义务和责任相统一，管资产和管人、管事相结合的国有资产管理体制。党的十六届二中全会明确了国资委的机构性质、职能配置、监管范围、与企业的关系等一系列重大问题。

为贯彻党的十六大和十六届二中全会精神，国务院特设了国有资产监督管理委员会，公布实施了《企业国有资产监督管理暂行条例》，全国各省市地方国资委也相继成立。

济南国企进入"一龙治水"时代——

在此背景下，济南市国资委应势而生，代表济南市履行国有资产出资人职责，实行"管资产与管人、管事相结合"，负责推进国有和集体企业的改革重组、代表市政府向部分企业派出监事会、组建控股公司、对权属企业负责人进行任免考核、对国有和集体资产的保值增值情况进行监管等工作。

济南市国资委的成立，整合了原市经济委员会指导国有企业改革和管理的职责、市委组织部部分企业领导人管理职责，以及原市经济体制改革办公室、原市劳动和保障局、原市财政局等部门的相关职责等，变多家管理企业"九龙治水"为"一龙治水"。

实践证明，只有在"一盘棋"的国有资产监管体制下，全民所有的国有资产配置效率才能更快提高。从2004年组建运行起步，济南市国资委逐步完善体制机制，并于重点领域取得突破性进展。

国资委的成立，使政府得以厘清与国企之间的关系，从"全能管理者"的角色中抽身出来，解决了过去政资不分、政企不分的问题，开启了济南市国企管理体制和国企改革的新阶段。

按照"三个一批"思路进行改革改制——

甫一成立，济南市政府就将255户企业、26万职工全部授权给市国资委管理，代表市政府对济南市属国资企业行使"出资人"职责，对市国企的监管和保值增值负责，但不直接参与企业经营。

当时，这255户企业覆盖一、二、三产业十余个行业，监管企业账面资产总额424.75亿元，净资产48.22亿元，资产负债率达到88.65%。

资产质量差、生产经营困难企业多，是刚刚成立的济南市国资委实实在在面临的难题。在 255 户监管企业中，中小企业占 90%，亏损企业占 73%，有些困难企业处于"三无两有"（无资产、无土地、无房产，有人、有债）、破产困难的境地，企业拖欠职工工资、职工养老金和职工医疗费合计达到 15.66 亿元。

前期企业改制不规范也给企业带来了诸多"后遗症"，在产权关系、债权债务关系、职工劳动关系等方面都遗留了许多问题，破产终结难、国有产权理顺难、社会保障体系不完善等问题也比较突出。

为此，济南市领导亲自挂帅，成立指导组，对 255 户企业的改制改革工作进行指导。仅 2015 年一年，就先后组织了 40 多次全市企业改革改制领导小组调度会和专题研究会，对企业在改革改制中遇到的需要破解的难题专门研究解决。

面对困难，济南市坚持"统筹规划、分类管理、依法规范、有序有效"的基本方针，大力实施"三个一批"战略，即做强做大一批，退出市场一批。

通过招商引资、战略重组、引进有实力的战略投资者、加快实现国有股权多元化等措施，一批企业做强做大。2005 年，济南汽配与联想控股，小鸭洗衣机主业与南京斯威特，集装箱分流中心与香港成功投资公司，东方制药与北泰方向集团，明水化肥厂与晋煤集团等企业重组工作顺利完成。济南汽车配件厂被联想控股重组后，通过搬迁新建和国际市场的开拓，5 年内销售收入由 2 亿元提高到 12 亿元，成为国际汽车零配件生产中心之一。

其中，对济南轻骑集团的重组改制，是济南市委、市政府最为关心的重点企业之一。2005 年，济南市委、市政府提出"两条线"推进轻骑重组的思路。其中一条线就是中国兵装集团与济南轻骑、轻骑铃木重组，重点是把济南轻骑做强做大。2006 年 12 月 28 日，轻骑摩托车产业与中国兵器装备集团成功实现了战略重组，并与世界 500 强企业法国标致集团的全资子公司法国标致摩托车共同组建了"济南轻骑标致摩托车有限公司"。轻骑摩托车产业与中国兵装集团重组后实施搬迁，在高新开发区新征 400 亩（26 万余平方米）地，新建轻骑摩托车生产基地。

通过国有产权退出、放开搞活，一批中小企业改制取得实效。山东酒精总厂、济南化轻公司、济南模具厂、亨得利公司、一大食物公司、济南建筑承包总公司、铝制品厂和地毯总厂等一批企业的产权关系发生了根本变化，引入了资金、技术、管理和机制，重新焕发出生机活力，由包袱变财富。

通过坚持以人为本、依法推进企业改革，一批特困企业依法退出市场，不留后遗症。一些企业拖欠职工的工资、医药费得到补偿，社会保险补交，职工得到妥善安置，一些长期不能解决的困难和矛盾得到有效解决，不稳定因素和上访问题得到有效化解。济南保温瓶厂早在 2000 年就被依法宣布破产，但职工一直未能得到妥善安置，在筹集支付 800 万元后，职工安置这一遗留问题得到妥善解决，使该厂终于终结了破产程序。同时，还有一批老大难企业的破产退出工作进展顺利，济南四海香股份有限公司、大通五金公司等企业，历史遗留问题得到解决，大部分职工得到妥善安置。

在实施"三个一批"改革思路的同时，济南市还对国有企业建立了分级管理体制。2005 年 5 月，济南市将原来国资委履行出资人职责的 89 户国有（集体）企业，按照企业属地移交县区政府管理，建立了两级管理、共同推进的管理体制，有效发挥了市和县区两级政府的管理和服务资源优势。为进一步搞好分类指导，积极推进所属企业的改革改制工作，7 月，济南市投资控股有限公司组建成立，将 39 户中小型国有（集体）企业授权其管理，搭建了投融资、不良资产处置和企业产权交易三个平台，构建了监管—运营—企业三级运行体制。

国有资产监管体系逐步完善——

为规范国资国企改革改制，这一时期，济南市出台了一系列文件。2005 年，制定了《深化企业国有产权改革指导意见》《关于企业市属国有产权改革若干问题的意见（试行）》等。针对两个《意见》试行过程中出现的新情况新问题，形成了《关于解决国有（集体）企业改革改制有关问题处理意见的会议纪要》，规范了改革程序，有效化解了制约改革改制的许多矛盾和问题，有力地推动了企业改革的顺利进行。

2006 年，出台了《市属企业国有产权改革若干问题试行规定》《监管企业内部审计管理暂行办法》等十几个规章制度，编辑了 38 万余字的《济南市国资委国有资产监督管理文件选编》，为健全规范有序的国资监管新体制打下坚实基础。

为防止在改革过程中出现国有资产流失问题，济南市针对已改制企业"回头看"工作中发现的问题，起草了《济南市国有及国有控股企业担保管理办法》

《关于防止国有资产流失查处暂行办法》等规范性文件,通过建立健全法规体系,确保监管好国有资产。

同时,还完善了产权管理体系、统计评价体系、监督国内工作体系,国有资产监督管理体制进一步完善。

按照"管少、管强、管优"的原则,从 2004 年 9 月成立到 2006 年底,经过 2 年的努力,济南市国资委基本完成第一批监管企业的改革改制任务,监管企业从 255 户企业减少至 19 户,企业户数减少了,监管企业主要经济指标却实现了较大幅度增长,达到控股企业规范运作、健康发展,中小企业转换机制、充满活力,困难企业退出市场的改革目标,基本完成国有经济的战略性调整,形成符合济南实际的国有经济布局和结构。

改革持续推进,进入稳定发展阶段(2007 年—2013 年)

国企改革不会一蹴而就,它需要一定的时间。

第一批监管企业改革改制任务基本完成以后,济南市属企业监管量大面广的矛盾从根本上得以解决,市属企业国有经济布局结构得到优化,职工得到妥善安置,促进了企业稳定和社会和谐,产权制度改革、布局结构调整、国有资产监管、企业自主创新等工作有序推进,全市国有企业改革发展进入平稳期。从 2008 年至 2013 年的 6 个年度内,济南市属国企资产总额由 258.6 亿元增长至 348.6 亿元,营收方面也并没有太多的增量,增长处于比较平稳的状态。

企业改革持续深化——

从 2007 年开始,济南国有资产合理流动和重组不断扎实推进。仅 2008 年上半年,就完成了济南普利思矿泉水有限公司、济南南郊热电厂等 12 户企业的改革改制工作,有效整合了济南市供水、供热、供气资源,促进了城市公用设施市场化运作。

同年,济南国企的公司制股份制改革步伐加快,水业集团、三箭集团、金钟衡器、省建筑机械公司、建设安装公司、澳利集团等企业以适应市场竞争需要为目标,从规范治理、精干主业、完善现代企业制度、不断转换企业经营机制入手,增强企业的竞争力,实现尽快做大做强国有经济的目标。

困难企业改革重组工作也在稳妥有序推进，2007年，轻骑集团、齐鲁化纤、华诚元首、大易造纸、小鸭集团等5户困难企业集团的改革改制工作稳步推进。按照"先分流安置职工后实施企业退出"的改革思路，轻骑集团在轻骑摩托车主业成功重组的基础上，对集团的资产、债务、职工、对外投资等情况进行了细致的摸底，并于2007年6月正式启动职工分流安置工作；齐鲁化纤集团按照"转"和"退"的改革方案，完成了中恒公司国有股权转让；大易造纸公司按照"和解矛盾、化解法律风险、盘活资产、安置职工、保持稳定"的总体思路稳妥推进，2007年共筹集7.068亿元用于安置职工和企业改革改制工作。

2010年，面对资金短缺、矛盾复杂、时间紧、任务重的实际困难，济南市破解了破产企业资金筹集、资产变现、内债清偿等难题，完成了12户困难企业的破产退出任务。

改革奔着问题去，为彻底改革济南市属国企早期"散、弱、小"的局面，济南市通过推动市属国有企业主业相近、行业相通、产业相连的同类资产进行资源优化整合，将原有散、弱、小的企业整合重组，提升了企业的抗风险能力和市场竞争力。

2012年，济南市先后完成了济变集团与中国西电、人民商场与烟台振华、山东建设机械与山推股份、山东三塑集团与山东豪克的战略重组，共引进战略投资11.78亿元，极大地改善了企业的资产和生产经营情况，从根本上提高了企业的市场竞争力。中国西电增资控股济变集团，对济变集团一次性现金投资5亿元，通过资产、产品结构调整带动其市场结构调整，充分发挥了济变集团新厂的产能和规模；人民商场与烟台振华通过债权转股权的方式完成重组，化解了企业债务风险，引进了增量投资，重组后企业净资产提高到3.9亿元，每股净资产提高到4.77元；山东建设机械与山推股份重组，山推股份将投入20亿元，用5年时间完成济南混凝土机械产业园的建设，共同打造山推建友济南混凝土机械产业基地。

2013年，济南市又先后完成了济南一机床与山东威达集团、大观股份与欧亚集团等9户企业重组改制，共引进战略投资11.8亿元，极大地改善了企业资产、资本结构和生产经营情况。

转型升级步伐加快——

2007 年以来，济南市把企业转型升级放在更加突出的位置，鼓励企业加快提升自主创新能力，突破了一批关键核心技术，产业和产品结构得到不断优化。

二机床、重工股份、金钟衡器、济变、一机床等企业集团，围绕企业发展和市场需求，积极推进自主创新，开发了一批具有国际、国内领先水平的新技术、新产品，为经济结构调整和产业升级提供了有力的技术支撑。济南国资系统涌现出压力机、数控机床、磨煤机、称重传感器、元首针织等众多名牌产品，特别是二机床集团"JIER"系列产品成为国内乃至国际上的知名品牌，塑造了中国机床业"高端制造"的崭新形象，获得了良好的经济效益和社会效益。

二机床投入技术开发费大幅增加，两大类主导产品先后荣获"中国名牌"，主导产品锻压设备国内市场占有率达到 90% 以上；重工股份适应国家产业政策，及时调整产品结构，相继研制出电力环保脱硫设备、日产 5000 吨立式水泥生产设备等 20 多种新产品，填补了国内空白，钢球磨煤机国内市场占有率达到 70% 以上，并荣获"中国名牌"；金钟衡器通过技术引进、消化吸收到自主创新，2007 年申报专利 48 项，被授权的 36 项专利产品占销售收入总额的 85% 以上；济变集团注重新产品开发和产品质量，先后赢得了 2008 年北京奥运会建设项目上的 40 多台变压器订单；四建集团多次获得国家"鲁班奖"，把承揽国外项目作为集团发展重点，在建立佛得角公司后，先后中标东帝汶和塞尔维亚大使馆建设项目……还有大观园、人民商场、澳利集团等企业都从企业实际出发，注重发挥各自优势，体现出企业发展的特色。

帮扶解困深入推进——

提及"老国企"，话题往往跑不出体制僵化、包袱沉重、生存艰难等问题。济南市的国有企业对济南市的发展和建设做出了重大贡献，为济南市改革开放积累经验并奠定基础，而有些企业，没有闯过市场这一关，在激烈的市场竞争中由于种种原因导致企业落伍甚至淘汰。

多年来，济南市国资委坚持以群众为根本，以实践为标准，一企一策，加快转调创改步伐，通过帮扶解困、整合盘活资源等措施，促进困难国企创新发展。

2013 年 9 月 29 日，在召开的济南市属国有困难企业和困难职工代表报告会暨帮扶解困动员会议上，济南市发布了《关于推进市属国有困难企业帮扶解困和改革发展工作的实施意见》（简称《意见》），旨在帮助困难企业和职工走出困境。

10月，济南市成立市属国有困难企业帮扶解困和改革发展工作领导小组，成立帮扶解困和改革发展协调组，进驻44家困难企业，按照"四个一批"的思路，即一次性安置职工解决一批、战略重组发展一批、加快调整改造搞活一批、依法破产和政策性破产退出一批的方式，分类分批推进企业帮扶解困。同时强力解决影响帮扶解困工作进程的土地评估定价难、不良资产核销难、历史债务和解难、职工安置清户难等四大难题，加快帮扶解困各项工作步伐。

在工作组的指导下，市属44户困难企业帮扶解困和改革发展工作取得了重大进展。18户企业一次性安置职工退出，先后累计安置职工1583人，及时足额支付经济补偿金和其他安置费4290万元，支付社保费6594万元，企业自筹资金解决职工内债2146万元，全部完成社保账户合并或注销等项工作。

战略重组发展一批各项工作扎实推进，大易造纸公司完成资产评估报告、职工安置方案、重组工作方案细化完善；济南蔬菜集团、印刷四厂完成清产核资、资产审计、债务和解等基础工作，并启动战略重组工作；市投资控股公司下属东风汽车、美术总厂等企业战略重组工作也有序推进。

调整改造搞活一批企业中，小鸭精工机械、小鸭洗涤设备分公司职工内债得到妥善解决，人员、资产整合完毕，企业甩掉包袱走上正常发展道路；重机集团3户企业以济南重工股份承接全部资产、人员、债权债务的方式，整合盘活并充分利用自有资源，企业帮扶解困工作全部完成。

同年11月，破产退出一批的齐鲁化纤集团4户、济南味精厂、小鸭冰柜公司共6户企业依法进入破产程序，困难职工合法权益得到有效维护，先后累计发放帮扶解困资金12.2亿元，涉及44户企业，惠及职工29145人次。

通过帮扶解困，有效解决了职工实际困难，维护了困难企业、职工合法权益和社会稳定。战略重组发展一批的企业扎实推进各项工作，调整改造搞活一批的企业走出了新路子，振兴发展初现曙光。

增速明显，进入"千亿时代"（2017 年至今）

党的十八大以来，国企改革进入"分类改革"的全新时期。2015 年，国务院发布《关于深化国有企业改革的指导意见》，国有企业被分为公益类、市场竞争类和重大基础设施类，不同类型的国有企业实行不同的国资监管体制。

党的十九大进一步提出，要深化国有企业改革，发展混合所有制经济，培育具有全球竞争力的世界一流企业。

实现全市企业统一监管——

为深化投融资体制改革、提升国有资本统筹运营能力，2017 年，济南市委、市政府决定调整组建市级六大投融资平台，把市属经营性国有资产按性质分别注入或整合到相应功能平台，将全市 28 个市直部门所属的 188 家企业纳入其中，由市国资委实施集中统一监管。

按照"先做加法，再做减法，最后达到乘法的效果"和"先易后难、确保不乱"等工作思路，济南市反复研究，按照"分类整合、优化配置，积极稳妥、有序推进，依法合规、防控风险"三条基本原则，2017 年 6 月 7 日，印发了《整合调整市级投融资平台推进市属国有资产统一监管实施方案》。济南市国资委成立三个移交工作指导协调组，制定移交事项清单及移交程序，6 月中旬原企业主管部门、市国资委、六大平台、实施整合的企业四方签署了交接书，完成了市级六大投融资平台整合工作。

为依法依规做好平台整合"减法"工作，市国资委与市财政局、市审计局反复研究，根据平台功能定位和发展方向，拟定了平台资产调整划转工作方案。其中，城投集团、城建集团持有的共计 17.61% 的齐鲁银行股份划转至金融控股集团，城建集团所属西客站片区公交枢纽及西客站交通运输有限公司调整至市公交总公司，金融控股集团所属济南科技风险投资有限公司调整至产业发展投资集团。

按照"集团体制、母子架构、资本纽带"的原则，各平台按照各自功能定位，理顺内部管理体制，建立市场化、法治化的运作机制，平台运营能力不断提升。根据主营业务和承担的重点任务，各平台优化业务板块，实现了资源配置最大化。

这一年，济南市国资委监管的企业资产总额达到 7000 亿元，年增量 6000 亿元，其中城市投资集团、城市建设集团资产均达到了千亿级，实现了一个大跨越。

这是济南市委、市政府贯彻落实党中央国务院、省委省政府关于深化政府投融资体制改革、完善国资监管体制的重大决策，也是推进新旧动能转换、提升国有资本和国有资产统筹运营能力的重要举措。在工商、财政等多个部门的通力协作下，备受社会关注的六大投融资平台，功能划分明确，同时又在服务现代泉城层面互为支撑——既涵盖城市建设，也参与城市北跨、轨道交通建设、实体经济发展等领域。

六大投融资平台的成立，是近年来济南国资国企改革发展的一个缩影，也是国有企业脱胎换骨的生动写照。

自市属国企改革三年行动实施以来，济南市属国资国企许多改革举措在全国属先行试验探索，济南市作为改革典型在全国省会城市国资国企改革会议上发言。

截至 2021 年 12 月 31 日，济南市属国企改革三年行动工作，共涉及 9 大板块，85 项工作指标，45 项重点改革任务已完成 43 项，完成比例 95% 以上，在济南国有企业"两非"剥离清退、僵尸企业处置、经营性国有资产集中统一监管等方面，完成率均达到了 100%。

成绩单亮眼，展现出的是济南国企在改革上的努力和成绩。近两年来，通过深化各项改革措施，济南国企不断盘活资源，激发企业发展的潜力与活力。

心无旁骛攻主业——

2019 年，济南市制定出台了《关于加强市属企业主业管理工作的实施意见》，以"服务大局、突出主业、有进有退、兼顾长远"为原则，采取横向重组、纵向联合、合并同类项等方式，做强、做专、做优国有企业，将市属一级企业的主业全部压减到 3 个以内，推动企业成为各自领域专业化的综合大型企业集团。

济南能源集团就是济南市国资委引导企业心无旁骛攻主业的一个典型。改革后，济南市将供热、供气板块 4 家企业从城投集团调出，实现能源企业"统一规划、统一投资、统一建设、统一管理、统一运营"。一方面让城投集团轻装上阵，完成市场化转型；另一方面实现了"大能源"统一监管，促进能源全产业链加快发展，综合效益显著。

济南市国有企业改革重组浪潮涌动，济南市国资委将混改作为加快推进国资国企改革的重要一环，大力推进"双向"混改，既引进战投推进混改，又鼓励国有企业通过市场参与外资、央企、省企和民营混改。2019年以来，济南市一次性谋划了50个市属企业混改项目。轨道交通通过山东产权交易中心参与国家电网权属企业山东爱普电气设备有限公司混改，竞得57%股权；济南金控集团参与力诺集团混改，深度开展战略重组，有效激发了企业发展活力。

做大做强，济南市属国企交出了一份亮丽的成绩单。经过调整后，全市资产总额过千亿级的企业达到5家，绝大多数市属一级企业资产总额超百亿元。

在具体执行过程中，济南市国资委在切实解决混改中涉及职工安置、资产、社保等问题的同时，统筹研究混改上市激励政策，形成"国有体制、民营机制有效激励"的运行模式。

一项项改革举措落地见效，不断理顺政府与企业的关系，促使国有企业拥抱市场，在其中经历风雨、百炼成钢。

国资监管从"管企业"到"管资本"转变——

理顺国资监管体制，是新一轮国资国企改革的重要内容，也是实施各项改革任务的首要前提。如果监管体制理不顺，国企改革根本无从抓起。

2016年底，《国务院国资委以管资本为主推进职能转变方案》出台，要求调整优化国资监管职能，"加快实现以管企业为主向以管资本为主的转变"。党的十九届四中全会也明确要求，"形成以管资本为主的国有资产监管体制"。

"管资本为主"与管企业的重大区别，就是要通过法人治理结构来履职，充分体现出资人意志，而不是直接插手企业的具体经营行为。为此，济南市国资委准确把握国资监管职能定位，加快推进以管企业为主向以管资本为主转变，提高国资监管效能，以强化过程监管、依法监管、创新监管为重点，积极探索创新监管模式，健全考核薪酬体系，推进市属国有企业高质量发展。

同时，强化外派监事会由政府派出、作为出资人监督专门力量的职责定位，调整组建了9个市属国有企业外派监事会，实现了外派监事会工作全覆盖。

济南市国资委围绕发挥考核评价的指挥棒和风向标作用，制定出台了《关于强化正向激励加快市属国有企业高质量发展的实施办法》，进一步完善考核指标体系，将领导班子建设、融资投资、人才招引、科研投入等 7 个方面纳入企业负责人经营业绩考核加分项，鼓励企业多投资、强融资、找项目、招人才。

此外，济南市国资委积极探索薪酬分配差异化管理，健全完善与选任方式相匹配、与功能性质相适应、与经营业绩相挂钩的薪酬分配制度，创新设立突出贡献、双招双引、创新创优等专项奖励。济南市国资委出台了《市属企业上市公司实施股权激励试点意见（试行）》《市属企业非上市公司实施中长期激励试点意见（试行）》，首次推行市属国有企业采取超额利润提成、项目跟投、虚拟股权、分红激励等方式，对核心科研人员、重要技术人员和经营管理骨干等实施股权、分红等有效激励，极大丰富了激励手段。

党建引领筑牢国企"根"与"魂"——

求木之长者，必固其根本。

一直以来，济南市始终坚持把党的政治建设摆在首位，打造国企发展的"红色引擎"，不断做强做优做大国有资本和国有企业，引导国有企业切实担当起推动高质量发展、建设新时代现代化强省会的主力军、先锋队，为全市国资国企的高质量发展注入不竭动力，让党的旗帜在每一个基层阵地高高飘扬。2017 年，济南市属国企把党建工作总体要求写入公司章程，完成 23 户市属国有独资（全资）和控股企业章程修订工作，明确了党组织在公司法人治理结构中的法定地位。一直以来，济南市国资委都坚持和完善"双向进入、交叉任职"的企业领导体制，形成既分工又协作，既相对独立又互为制衡、监督的科学领导体制，有助于推动党建与业务工作的有机融合，全面落实"一岗双责"，保证基层党组织有效参与重大问题决策，充分发挥党组织把方向、管大局、保落实的作用。

大厦之成，非一木之材；大海之阔，非一流之归。强化基层党组织建设是强化国有企业"根"和"魂"的一项基础性、系统性、长期性工程。

为打造过硬基层党组织，完善基层党组织设置，新设基层党委 1 个、调整撤销 14 个，新设基层党支部 25 个、撤销合并 110 个。建立基层党组织基础保障机制，按规定配备基层党务工作人员，把党建工作经费纳入企业管理费用并税前列支，确保了党组织有效开展活动。

以着力提升新时代党建工作质量、为全市经济社会高质量发展提供坚强保证为目标，济南市国资系统认真落实党建工作责任制，旗帜鲜明强化思想政治建设，深入学习贯彻习近平新时代中国特色社会主义思想，巩固扩大主题教育成果，加强基层组织建设和班子队伍建设，深化党风廉政建设，层层传导压紧压实主体责任，深化国资国企改革攻坚，切实提升发展质量效益，优化完善监管体制机制，不断提升国有企业党建工作质量，以高质量党建引领国资国企高质量发展。

17年来，济南国资委牢牢把握职责定位，革故鼎新，使济南国有资产监管体制、国有企业运行机制、国有经济布局结构发生了巨大变化。

2021年，济南市为适应国资国企发展新形势的需要，推动了新一轮国企改革"大整合"——43家一级企业在"做大、做活、做专"的思路下，分门别类重组整合为20户企业。

这既是前期国有资产集中统一监管的延续，也是济南国资国企改革的新起点。

17年来，济南国资国企改革虽然过程艰辛，但终于迎来脱胎换骨之变。

未来，国有企业更将履机乘变，奋发有为，撑起建设现代化强省会的坚强脊梁。

国资国企改革一直在路上。

（写于2021年）

金钟集团：
风雨砥砺薪火相传，转型升级造就"百年金钟"

　　100多年前，胶济铁路济南站站长张新阶先生在济南普利门外青年会附近创办"美利公司"，开始研制磅秤；60多年前，18家台秤制造企业合并成立"公私合营济南台秤制造厂"，后更名为"国营济南衡器厂"；30年前，引进国外先进技术和设备，成为中国第一家量产称重传感器的民族企业，改写了中国称重历史，并成为省内第一批完成股份制改造的工业企业，更名为"济南金钟电子衡器股份有限公司"；10年前，金钟面对中国经济和行业发展的新趋势，开启了转型之路，发展成为以称重技术为基础，为各行业用户提供系统集成与软件开发系统解决方案的供应商，并于2017年5月更名为"山东金钟科技集团股份有限公司"。

　　自创立伊始，金钟便与国家和民族的发展息息相关，并紧跟时代发展的步伐。

　　金钟的百年历程，是金钟人致力于自主创新的发展史，是中国衡器行业科技进步、转型升级的成长史，也是中华民族实现伟大复兴奋斗史的缩影。

金钟集团前身"老亚美衡器联合开发公司"成立

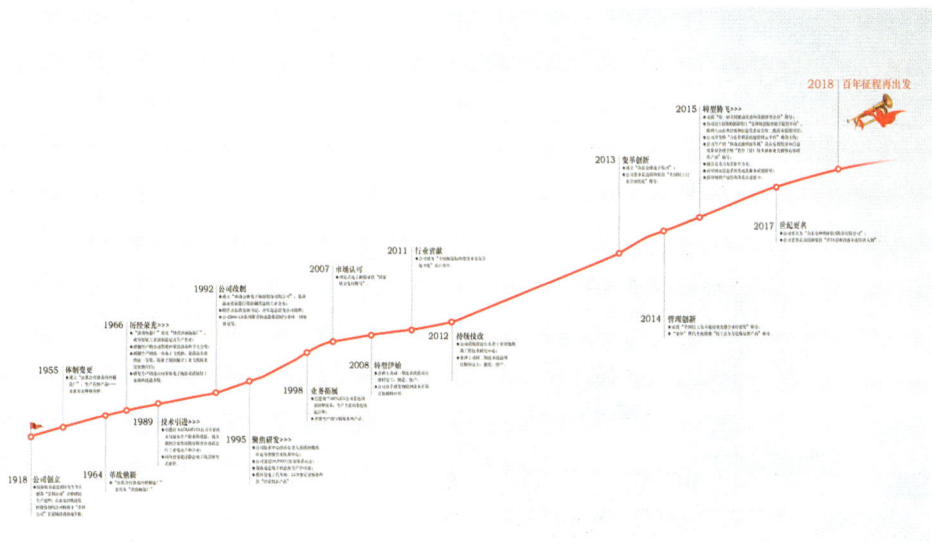

金钟集团发展史

济南衡器厂

1992年，山东省委副书记、省长赵志浩（左四）为"济南金钟电子衡器股份有限公司"揭牌

百年来，"金钟衡器"这个品牌，见证了中国近代称重行业由起步到走向辉煌的全部历程，其间经历了初创、发展、行业争雄到股份制改造，到今天发展成了集团公司，以及国内唯一一家定位高端衡器市场，全面掌握机械、电子、液压、自控、智能化、信息化等核心技术，集设计研发、加

1992年，金钟科技集团股份有限公司成立

金钟大厦

工制造、工程实施、营销服务为一体的全国最大的基于称重技术的系统集成和软件开发商。

今天的金钟，业务范围已涵盖称重基础零部件、工业类衡器、系统集成与软件开发三大群组，为国内外用户提供优质的称重及信息化产品和服务，全方位满足各行业用户的需求。

作为传承百年的衡器企业，金钟集团今天的成功，与其说是市场竞争的结果，不如说是不断进行创新发展、转型升级的结果。

工业肇始：从小公司发展成国内衡器领先企业

1918年，金钟的前身"美利公司"在泉城济南落地生根，金钟集团百年之路的第一步自此踏出。

20世纪初，中国近代民族工业由初创走向兴隆，随着济南开埠、胶济铁路通车，古老的泉城济南翻开了新的一页。在济南开埠的聚合效应下，1918年，民族资本家张新阶先生等人创办了金钟的前身"美利公司"，研究生产中国人自己的磅秤。此后历经30余年，济南逐渐成为全国重要的磅秤生产、流通地。

1955年，济南18家台秤生产工厂合营为"公私合营济南台秤制造厂"，生产名牌产品——"老亚美金钟牌台秤"，企业的发展由此进入了一个新的时代。

20世纪五六十年代，正是中国社会主义工业化的探索时期。企业伴随着国民经济的发展，逐步发展壮大。1966年更名为"国营济南衡器厂"。在这一时期，国营济南衡器厂不断进行技术革新，提高产品质量和生产效率，扩大生产能力，满足国家需要。企业开发出案秤、台秤、地上衡、地中衡等多种类型的通用衡器，以及售粮秤、液化石油秤、水泥秤、矿石秤等专用衡器，逐步发展成为占地面积近60亩（4万平方米）、员工400余人的行业领先企业，成为原国家轻工部衡器定点生产企业。

这一时期研制生产的自动售粮秤荣获济南科学大会奖；研制生产的第一台电子飞机秤荣获山东省科技一等奖，填补了我国航空工业飞机称重设备的空白；研发生产的感应同步器电子衡器荣获原轻工业部科技进步奖。

济南衡器厂厂区

技改来袭：迈出"机械改电子"第一步

1987年至2007年，随着改革开放的持续深入，金钟集团紧跟国家战略，成为我国第一家率先开始批量生产电子衡器的厂家，也是金钟集团的第一场"改革"，为我国衡器"由手动改自动，由机械改电子"做出了突出贡献。

1985年以前，业内以生产机械秤为主，称重杠杆、传力杠杆、计量杠杆、游砣等部件组成一台机械秤。当时全国厂家通用一张国家指定的产品图纸，机械秤的结构设计一致，其刀子、刀承、计量杠杆等关键零部件由原国家轻工业部指定长春、南京、长沙三家大型衡器制造商生产，其余零部件由各厂家自行生产。由于当时还处于计划经济阶段，根据国家分配的计划任务生产，再定量销售，没有产销和收支压力。

20世纪80年代中期，原国家轻工业部提出"机械改电子，手动改自动"的方针，全国掀起改革风潮，机械秤开始向电子秤的生产过渡。

电子秤主要由数字显示器、称重传感器和机械秤台组成，前两个也是区别于机械秤的关键零部件，称重传感器是核心部件，主要利用电阻应变原理来称重。当时国内正处在生产电子秤的初期，称重传感器的质量稳定性较差。

必须载入企业史册的是1989年。这一年，时任国营济南衡器厂厂长的郑云霄力排众议，决定进行技术改造，引进日本电子秤生产技术和设备。

当时的国营济南衡器厂固定资产仅500余万元，却要贷款投资1400多万引进日本的技术和设备，听起来简直是天方夜谭。但是，要想走出低端竞争的困境，金钟必须走技术改造之路，转战电子衡器这片新蓝海。

据现任山东金钟科技集团股份有限公司副总经理、高级工程师范韶辰回忆，当时引进技术和设备、引入国外技术的厂家凤毛麟角，敢贷款的更是没有。1989年，"济南衡器厂引进日本KOUBOTA公司全套技术与装备生产称重传感器

引进日本 KOUBOTA 公司全套技术与装备
生产称重传感器

项目"通过国家验收，济南衡器厂成为我国首家将高精度称重传感器进行工业化量产的企业。

有了电子秤，开始脱离全国"一张图纸"，指定零部件生产的模式，各个厂家有了自己的"主意"。

1989年、1990年衡器行业进入市场化，机械秤遇冷，进入电子秤时代。当时电子秤国内市场需求大，但大部分厂家技术跟不上，还处在观望阶段，产量和质量跟不上市场需求，买家纷纷转向有实力的衡器制造商。

当时，国营济南衡器厂生产一只称重传感器的成本大约为七八百元，售价达3000多元，依旧一度脱销。1990年，国营济南衡器厂顺应国家政策砸"三铁"，实施"一厂两制"，将称重传感器车间单列为重点发展部门，尊重技术和人才，在业内赶超同行。

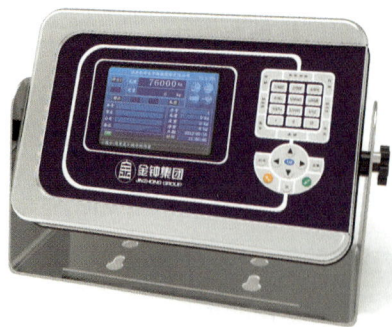

称重指示器

1992 年成立济南金钟电子衡器股份有限公司，成为济南市第一家改组的工业企业，此后 3 年间，金钟国内销售额、增长量、利润率、产品质量等连续蝉联国内冠军。

1994 年后，产品开始销往销往美国、欧洲、东南亚等国家和地区。

技术改造让金钟在市场竞争中脱颖而出，也使得金钟的产品结构发生了根本的改变，从生产机械秤的劳动密集型企业逐渐转化为以生产电子秤为主的技术密集型企业。此后几十年的时间也证明，正是此举奠定了金钟今天在中国衡器界的地位。

1990 年，济南衡器厂被评为省级先进企业

1993 年，国家轻工业部部长曾宪林（前排右一）到金钟视察指导

二次创业：走研发称重物联网的创新之路

1996 年以后，外资企业开始介入国内电子秤市场，越来越多的同行投资生产称重传感器，行业内竞争进入白热化阶段。

2005 年至 2007 年，很多企业进入发展困难期，频频被外资收购，包括济南金钟电子衡器股份有限公司，也开始与一家德国企业洽谈合资，但对方主营产品为商用自动分拣秤，技术较超前，价格较高，与国内大环境和金钟的擅长业务不符，若被收购，金钟前途未卜。

2007 年，高绍和被任命为董事长兼总经理，毅然停止收购计划，寻求企业新的发展之路。次年，全球金融危机爆发，金钟国内和国外业务大幅下滑，高绍和在深刻分析市场现状和金钟发展轨迹的基础上，坚定科技创新谋发展的思路，提

动态电子轨道衡

智能化电子汽车衡

智慧灯杆系统

出"不等不靠,二次创业"的发展方针。

在充分发挥公司的品牌、技术、质量、服务优势,努力维持传统优势衡器产品市场份额的基础上,根据国家"促进信息化与工业化融合,走新型工业化道路"的"两化融合"发展之路,金钟确定了研发称重物联网的创新之路。

与此同时,伴随着国家互联网+、中国制造2025两大战略的推进,各行业用户对企业信息化建设的要求日益增长。面对市场的困境与挑战,金钟制定了以"称重技术为基础,以物联网、信息化为两翼"的发展战略,走出了一条依靠技术创新进行战略调整转型的成功之路,即充分应用互联网和信息化等新技术,将传统衡器制造企业重新塑造成一个新型信息化服务供应商,让新技术成为公司发展的新动能,实现公司业务从传统衡器产品到系统集成和软件开发综合服务的重大转型。

创新是强国兴企之本,也是百年金钟最深层的企业文化基因。

技术中心、工程中心、软件中心三大创新研发平台,百余项自主知识产权,国家发明专利18项,实用新型专利技术143项以及65项软件著作权……多年深耕研发铸就的核心技术,助力金钟走出了一条自主创新、跨越发展之路。公司年度研发费用占销售收入的8%,科技创新已成为提升企业核心竞争力、企业实现可持续发展的决定因素。

金钟集团运维中心

聚焦行业：持续深耕粮食称重市场

在转型升级过程中，持续深耕粮食系统等领域，通过自主创新和按需定制，是金钟近年来实现稳定高速增长的又一核心因素。

民以食为天，粮食稳则天下安。粮食在国民经济中具有不可替代的基础地位，粮食安全是关乎国民经济发展、社会稳定和国家自立的全局性重大战略问题。金钟深耕粮食行业 20 余年，从 1998 年开始，金钟就积极参与中央直属储备粮库500 亿斤三期项目的建设，成为最大的计量设备供应商，到今天通过提供先进的粮食行业信息化整体解决方案，为保障粮食安全做好科技支撑。

金钟积极响应国家为了保障粮食安全，开展粮库智能化升级的需求，融合应用大数据、云计算、虚拟现实、云图等先进技术，成功研发了省（市）级智慧粮食管理云平台、智能化粮库业务管理系统、多参数粮情检测系统等一系列引领市场需求的新产品。

自 2010 年开始，金钟成功实施了"山东省粮食流通管理云平台""北京市粮食管理云平台"，并在以山东、北京、新疆为主的全国范围内实施了大量智能化粮库升级项目，惠及粮油行业用户数千家。

出入库一卡通系统

在科技储粮、节能降耗方面，金钟集团与中储粮共同研发的"内环流控温减损储粮系统"同样可圈可点。金钟集团在全国 233 个粮库建设"内环流控温减损储粮系统"共计 2785 个仓。相比空调控温储粮方案，内环流系统具有功耗小、运行成本低、安全性高等特点，运行费用比采用空调控温储粮模式节省三分之二能源。

自主创新、按需定制是赢得客户的关键。其中，最有代表性的是金钟在全国率先研发成功了移动式液压翻板，大大提高了散料卸车效率，填补了国内市场空白，市场占有率名列前茅，并远销出口到日本、泰国、马来西亚、印度尼西亚等国家和地区。

2019 年末，有用户提出传统的粮食清理装置处理能力低，使液压翻板的卸车效率受到制约，同时在卸车时因为没有除尘装置而产生的粉尘，给环境造成了污染。针对用户需求，金钟集团迅速制订了市场调研计划，确定了研发制造"移动式环保粮食卸车清理中心"项目，并制订了详细的开发计划。经过研发团队半年多的努力，2020 年 4 月第一套样机试验成功，金钟立即开足马力进行生产，赶在夏粮收储期间，共为用户提供了 20 多套设备，得到用户的高度评价。

不仅如此，金钟集团还积极推动衡器、粮油等行业国家标准、行业标准的制定，主导或参与起草《固定式电子衡器》《省级粮食信息应用平台技术规范》《粮食出入库业务系统技术规范》《粮仓远程视频监控系统技术规范》等 20 余

2011 年，全国衡器标准化技术委员会秘书处设立在金钟

项国家标准和行业标准的制定工作，以此推动行业转型发展。

从此，金钟聚焦粮食行业，将称重技术与智能化、信息化技术深度融合，拓展出新的业务空间，成功转型为集设计研发、加工制造、工程实施、营销服务为一体的全国衡器行业最大的基于称重技术的系统集成和软件开发商，金钟破茧成蝶获得新生。

党建引领：高质量发展必由之路

观念决定思路，思路决定出路。在金钟集团的发展过程中，除了紧跟市场需求、增强技术创新能力外，坚持党建引领、不断创新管理模式也是金钟历久弥新、实现稳定高速增长的又一核心因素。

2021 年 6 月 29 日，金钟集团党委荣获山东省先进基层党组织荣誉称号。多年来，金钟集团坚持党的领导，加强党的建设，把党组织标准化提升工程作为企业转型发展的红色动力，将党建工作放到发展中心工作中去谋划和推进，围绕生产抓党建，形成了以党建引领企业文化的金钟特色，促进了企业又快又好发展。

作为济南市第一家进行股份制改造的工业企业，从最早实行全员劳动合同制，到推行签订"集体合同"和"工资集体协议"，"改革创新"是融入金钟人血脉里的固有基因。

多年来，金钟积极探索人事制度改革，坚持中层干部全员竞聘，加大轮岗力度，每名干部原则上不得在同一岗位任职超过两届，激发了干部活力，提高了管理效率。

随着金钟在系统集成和软件开发领域的不断探索，干部的年龄趋向年轻化。目前中层干部平均年龄在37岁，研发部门30岁左右的中层干部比比皆是。

2020年，金钟更是在济南市国资委的大力支持下，率先在济南国资系统探索市场化选聘制度，为国有企业探索选人用人机制走出了一条新路子。

2018年11月2日，在纪念金钟诞辰100周年庆典上，高绍和说："金钟始终勇立行业潮头，得益于代代金钟人血脉内涌动的创新发展基因，也得益于代代金钟人真诚、质朴、坚韧的文化传承。"

一直以来，金钟积极践行"服务创造价值"的理念，建立面向市场、以客户为中心的售前、售中、售后服务模式。同时，加快推进渠道建设，推出具有金钟特色的管理体系，建立了包括营销支持部、技术服务中心、运维中心，以及全国20多家售后服务网点的全功能服务体系。功能强大、服务快捷的服务平台受到了客户的欢迎，也成为金钟在全国市场攻城略地的坚实后盾。

在布局全国市场的同时，金钟还主动强化业务培训、提升服务质量、持续完善网络维护、诊断功能，立体互联，随时、随地的"智慧服务"已然成形。

100多年来，金钟虽历经旧中国的风雨磨砺，但最终沐浴着中华人民共和国的阳光、改革开放的春风，由小作坊到私营，从公私合营到国营，从股份公司到集团公司，成长为我国衡器行业内物联网、信息化方面的佼佼者。

（写于2021年）

改革启示：

作为一家中小国企，金钟集团快速成长和发展的关键是什么？

回顾100多年的发展历程，不难发现，金钟集团不断加强党的领导，解放思想与时俱进，坚持进行科技创新，在风起云涌的时代变化中屹立不倒，缔造了老国企焕发新生机的传奇。

历年来，金钟集团党委班子坚持党的领导，团结一致，加强党的建设，始终把党组织标准化提升工程作为企业转型发展的红色动力，将党建工作放到发展中心工作中去谋划和推进，围绕生产抓党建，形成了以党建引领企业文化的金钟特色。

自成立以来，金钟始终坚持企业与职工共同发展，共享发展成果，长期坚持职工代表大会制度，坚持全心全意依靠职工办企业，积极构建和谐劳动关系，增强职工凝聚力和向心力，团结一致、共谋发展也成为金钟长盛不衰的坚强基石。

从小作坊到私营、从公私合营到国营、从股份公司到集团公司，金钟在不同的历史阶段都能紧跟国家战略方针、迎合市场需求、与时俱进。尤其是中华人民共和国成立以来，金钟认真贯彻执行党和国家的方针政策，抓住国家大的发展机遇。例如，20世纪八九十年代多次进行技术改造，金钟相继引进了国外先进的称重传感器和应变计生产制造技术，成为我国第一家工业化生产称重传感器的厂家；2008年开启的转型升级之路，使金钟由单一衡器设备加工制造企业，转型为"以称重技术为基础，以物联网和信息化为两翼"的科技型企业。

创新已经成为融入金钟人血脉里的固有基因，既是金钟的核心竞争力，也是推动企业发展的根本动力。代代金钟人能够深刻把握发展大势，在持续的科技创新中谋划发展大业，使得金钟始终勇立于称重行业的潮头。

润易集团：
济南造纸业"金字招牌"的百年沧桑巨变

在少年路东首路南，有一座年龄超过百岁的老建筑，它曾是润易集团的前身——始建于1908年的泺源造纸厂。这里曾是中国造纸工业的先驱：中华人民共和国第一套人民币是用它生产的钞票纸印制的，产出的画报纸被周恩来总理选定为《人民画报》专用纸……

从济南开埠，造纸工业萌芽到济南造纸工业建立，从伴随改革开放的合资企业大易到转型升级的国企润易，它不仅是济南和中国造纸业的产业发展标本，更是济南这座城市乃至中国经济排除困难、不断进步的一个缩影。

曾经的造纸业传奇，曾缔造多个"全国第一"

1908年，济南造纸工业开始萌芽，在济南铜元局旧址上，泺源造纸厂应势成立。

泺源造纸厂是山东第一家、全国第二家机制纸厂，代表了当时最先进的造纸工业。这里是山东造纸工业的发端，也是中国造纸工业的先驱。泺源造纸厂开机后，所产粉连纸、通史纸、包装纸和毛头纸畅销山东、河北、河南和山西等省。

1950年改为山东造纸总厂东厂后，泺源造纸厂先后承担了国家多项造纸科研项目，填补了几十项纸张生产空白，以产品品种多、技术含量高、产品质量优在全国享有盛誉：中华人民共和国第一套人民币是用它生产的钞票纸印制的，产出的画报纸被周恩来总理选定为《人民画报》专用纸，我国成功试射的第一枚洲际导弹用的是它生产的电子计算机纸，《新华字典》《现代汉语词典》等工具书的印刷均采用它的字典纸。

据润易集团副总经理刘锡纯回忆，当时的山东造纸总厂非常受轻工业部重

1950 年 6 月，山东造纸总厂成立

20 世纪 80 年代山东造纸总厂东厂全景

山东造纸总厂东厂的化验室

当年厂区一角

视，被列为国家造纸行业重点企业、山东省楷模企业，成为济南工业的支柱企业。

那时候，济南造纸工业是整个行业的标杆，包括山东造纸总厂的东厂、西厂、济南造纸厂、山东高级薄页纸厂和济南纸浆厂五家国有造纸厂。其中，山东造纸总厂东厂名气尤其大，据老人回忆，全国各地到东厂买特种纸的车，就能排到护城河边上，可以说是全济南的骄傲，很多人都以能进造纸厂工作为荣。

它曾见证了济南这座城市的开埠辉煌，曾是济南工业的招牌与骄傲。

整合内部资源，解决金融债务

1986 年以后，由于设备陈旧、技术革新落后、企业负担重，再加上环保、资金等因素，济南造纸工业在行业震荡中错失良机，企业连年亏损，陷入十分困难的境地。

在这样的境况下，1993 年，合资公司济南大易造纸成立。但是，合资并未解决济南造纸企业的困境。润易集团还未成立时，大易下属 4 家公司占据着济南"老大难"国企的前四名。

面对困境，大易公司也曾全力寻找破解良方，制定"分兵突围"策略：造纸总厂东厂改为鲁丰纸业，西厂变身晨光纸业，还有一些厂区变成银星公司、金至公司。但受合资期间遗留问题的影响和环保因素的制约，几个公司相继停产，仅靠房屋出租维持生存。

改造后的鲁丰公司厂区

2015 年 5 月，赵滨接任润易集团党委书记、董事长时，面对的处境不容乐观：截至 2014 年 1 月 31 日，大易造纸及全部相关企业评估后资产总额为 24 亿元，负债总额 27 亿元；企业经营性土地、房屋等资产被相关债权单位申请法院查封。不仅如此，企业还拖欠职工内债共计 4.11 亿元，涉及职工达 1.25 万人次。

当时在济南有句话很流行："大易不易。"可以说，这家造纸企业负重前行，已经到了举步维艰的局面。

站在生死存亡的十字路口，大易该何去何从？

经过调研，当时的领导班子认为，当务之急是要对症下药，企业要甩掉包袱、整合资源，才能轻装上阵。

2015 年 11 月，济南润易集团有限公司正式成立，一场变革就此启动。

首先是变更为国有独资企业。"大易"时期的 4 家公司各自为政，独立核算，因而失去了整体优势。于是，润易通过股权转让、划转等手段，将大易公司各企业调整为润易集团的全资子公司，有效资源全部整合到润易集团，打造管理规范、运营高效的现代企业集团。

在实现内部资源整合的同时，为甩掉企业沉重的债务包袱，润易集团与债权人展开了艰辛的谈判。经过不懈的艰苦努力，终于解决了近 22 亿债务问题。

凭着这样一股韧劲，润易用半年时间解决了困扰企业 20 年的债务问题，搬掉企业发展的"绊脚石";同时通过政府帮扶政策和自筹资金,依法妥善安置近1800名下岗职工,后续的改革发展得以顺利推进。

至此,润易走上"轻装上阵"的转型发展之路。

聚焦特种纸生产,以技术创新抢占市场主动权

包袱甩掉了,企业要发展还需要有一个正确的方向。曾经,济南造纸企业创造了"全国造纸看山东,山东造纸看济南"的辉煌。

领导班子一直认为,老国企要重现辉煌,主业不能丢。技术创新才能引领行业发展,这是润易唯一的出路。2015年底,润易集团将4家子公司的产品、技术、销售和相关生产资质等资源整合,组建济南欣易特种纸业有限公司,做优、做精特种纸。

造纸是个传统产业,高能耗、高污染,而特种纸不用担心节能环保问题,1吨特种纸附加值相当于5吨至10吨传统纸,利润可观,前景广阔。

但在生产研发上,特种纸必须要有强力的技术支撑。润易围绕"小市场、大份额"的思路,着重在新产品研发和营销策略上寻求新突破。依靠昔日的技术、工艺、人才、财富,润易对生产工艺进行创新,研发出了"拳头产品"T级羊皮纸,做到了完全替代进口产品,甚至在防油效果上还优于全球特种纸龙头企业奥斯龙,同时价格比国外进口产品低三分之一。

市场一向是凭实力说话的,凭借着出色的产品和有优势的价格,润易渐渐找回市场主动权,并且将奥斯龙挤出中国市场。甚至,多家国内知名化纤企业纷纷指定其配套纸管制造公司必须使用润易羊皮纸。

羊皮纸生产车间

同时,润易在全国上千家造纸企业中脱颖而出,一举斩获"2018中国特种纸产业创新企业"大奖——这是特种纸张行业中含金量最高的奖项。同样是在2018年,润易集团欣易特种纸公司"工业羊皮纸"还获得"山东省企业技术创新二等奖","字典纸"

荣获"山东省企业技术创新三等奖",被授予发明专利1项,另有12项实用新型专利……

重组仅仅5年的润易,已然成为造纸业的一匹"黑马"。

齐河生产基地建成投产,2300亩(153万余平方米)纸业产业园即将崛起

2019年4月20日,在齐河生产基地的车间里"拽出"第一张羊皮纸,这意味着,济南重振造纸业的火种被点燃。

齐河生产基地从开始建设到正式投产,润易仅用了1年时间。短短1年时间,一片空地变为轰鸣运转的厂房。设立了研发中心,更方便快捷地实现产学研用,用技术创新赢得市场对特种纸产品需求的经营理念,在特种纸点上求突破,在产品多样化上求展开,在产品链上求延伸。

齐河生产基地厂区

齐河生产基地生产线

2020年,润易集团完成营收3亿元,实现利润1900万元。其中,字典纸销量4564吨,销售收入3533万元,销售毛利120万元;羊皮纸销量4417吨,销售收入7122万元,销售毛利941万元……一串串亮眼的数字,是润易造纸交出的成绩单。

到2019年,齐河生产基地造纸生产线满负荷生产,一期年产量达到6000吨。大订单纷至沓来,目前的生产量已经无法满足国内市场的需求。2019年7月20日,在齐河潘店镇,润易集团与齐河县人民政府正式签约山东齐河纸业产业园项目。齐河纸业产业园占地2300亩(153万余平方米),是江北最大的纸相关产业综合性产业园区,接下来,润易将着手研发更多产品,增加特种纸品种,扩大特种纸的应用范围。

坚持党建引领，重实干促发展

"心无旁骛攻主业，踏实做事出成绩"，这是润易集团所理解的"对党的忠诚"。在实干中求发展，在发展中找出路。特种纸只是一个缩影，一直以来，润易集团都将党的领导融入企业治理的各个环节，集团上下凝心聚力，以实干彰显担当，以创新谋求突破，真正将党建工作转化为工作动力、发展活力。

党建工作与企业发展犹如"车之两轮、鸟之双翼"，党建做实、做细，就是战斗力和竞争力。润易的发展，离不开基层党组织全覆盖的战斗堡垒作用。攥起来"一团火"，撒出去"满天星"，润易集团梳理健全"党委—党总支—党支部"的组织架构，调整合并为7个党支部，实现党组织对所有分支机构全覆盖，确保企业发展到哪里，党组织的战斗堡垒作用就体现在哪里。

润易的转型，离不开红色基因激发的实干开拓精神。很多人觉得造纸是个传统夕阳产业，但在润易看来，特种纸正成为挖不完的"新金矿"。为实现特种纸崛起目标，润易在济南槐荫区美里湖大手笔投资购置14亩（9333平方米）土地及近万平方米的房屋，同时加大与科研院校合作的力度，力争用3年时间打造省级造纸科研中心，为特种纸发展提供技术支撑。

润易的腾飞，离不开党建引领下的正确航向与战略布局。未来，齐河生产基地年产量将达1.6万吨，占据国内细分市场80%的份额，在较短时间成为在国内具有重要影响的特种纸生产基地。在建设特种纸生产基地的同时，实现企业多元化战略发展，同科技企业共同搭建集微生物研发中心、先进发酵设备制造、复合型益生菌产品等为一体的全产业链工业园区。

在市委、市政府的领导下，润易的内生动力和外在活力正在不断增强。通过招商引资、盘活存量资产、融合项目资金、建设生产基地、加大技术研发等，润易的产品知名度和美誉度将不断提升。

从泺源造纸厂到山东造纸总厂，从"大易"到"润易"，济南造纸工业经历了百年的沧桑巨变，最终通过回归国有制、解决金融债务，在经济改革的大潮中得到了飞速发展，为百年造纸插上了腾飞的翅膀。

（写于2021年）

润易集团：济南造纸业『金字招牌』的百年沧桑巨变

改革启示：

润易集团从 2016 年 1 月正式运营到现在，已走过 5 年多的历程。这 5 年来，可以说是一个艰难起步的阶段，从润易集团成立之初，就面对着下岗职工多、债务负担沉重等问题。面对这种困局，润易集团坚持党建引领、以存量引增量、重振主业，实现了企业的高质量发展。

润易集团正式运营后，面临的主要困难仍是大易合资遗留问题。针对企业现状，润易集团结合自身实际，采取"以存量、引增量"来破解制约企业发展瓶颈问题，达到实现企业转型发展的目的。借助项目合作引进的资金，在较短的时间内完成了信达、长城、厦门卓信成和山东森信 4 家单位的债务和解工作，将困扰企业多年的巨额金融债务解决了 91.2%，并解决了相关企业土地查封问题。

为了使济南造纸得以传承发展，润易集团将鲁丰、晨光、金至等公司的特种纸产品、技术、销售等资源进行整合，成立了济南欣易特种纸业有限公司，从而形成以欣易公司为主体，重点打造特种纸产业的可持续发展。为了保住在全国造纸行业中独有的特种纸技术优势，润易始终没有停止过对特种纸的研发和创新，也始终不忘重振济南造纸产业的初心。正是基于这种执着的精神，润易借助新旧动能转换的有利契机，对企业的传统造纸产业，采取外迁战略，在齐河县潘店镇重新建设特种纸生产基地。经过从筹划论证到施工建设，历经一年半的时间就顺利进入了调试生产，目前已全面正式生产，这标志着济南传统造纸产业在全面停产 13 年后实现了涅槃重生，重新将济南造纸产业发展的命运掌握在自己手中，从根本上解决了长期受制于外加工的问题。

润易集团改革创新的实干之路证明，只有坚持和加强国有企业党的领导，才能保证企业发展的正确方向，才能化解企业在改革发展中的各种矛盾，才能有效凝聚起企业发展的磅礴力量。润易集团党委班子坚持举旗定向，推动党的建设与企业战略、生产经营同频共振、双促共赢，坚持"抓党建、促发展"工作总基调，强化政治担当，站稳人民立场，切实解决党建与生产经营"两张皮"现象，围绕"诚信服务、以德养商"主题，打造品牌党支部，以高质量党建推动企业高质量发展。

济南轨道交通集团：
千帆竞逐地铁梦，泉城处处是中心

2013 年 12 月 25 日，济南轨道交通集团正式成立，承载着济南人民的地铁梦扬帆起航。以济南轨道交通人为代表的城市建设者不气馁、不辩解、不抱怨，用不屈的斗志、顽强的实干奋力描绘城市发展新画卷，将济南人民的地铁梦逐一变成现实：2015 年 7 月 16 日，轨道交通 1 号线开工建设，地铁圆梦之旅正式开启；2019 年 1 月 1 日，1 号线建成通车，济南进入地铁时代；2021 年 3 月 26 日，随着轨道交通 2 号线初期运营，济南昂首跨入地铁换乘时代。

济南轨道交通人所创造的"地铁速度""地铁加速度"已经成为地铁界的"济南现象"。疾驰在高质量发展的大道上，济南轨道交通集团正以高质量跨越式发展的澎湃之力，蹚出一条地铁产业全链条发展的新路子，加速从"量的积累"向"质的飞跃"转变，为加快推进新时代社会主义现代化强省会建设描绘新画卷、贡献新力量。

党建引领：战胜一切困难的法宝

多领域、全方位地开展具有济南轨道交通特色的高质量党建工作，是轨道交通人连续取得多项令业界瞩目成绩的最根本支撑和保障。

济南轨道交通集团党委高度重视党建工作，坚持以习近平新时代中国特色社会主义思想为指导，牢固树立抓好党建就是最大政绩的理念，把党的政治优势和组织优势转化为澎湃动力，以党建引领集团中心工作，带领全体轨道交通人勠力同心，勇往直前，努力推动全市轨道交通事业走上高质量发展之路。

"工程建设推进到哪里，党旗就插到哪里""市民有需求，地铁有回应""把困难留给自己，把畅通让给市民"……济南轨道交通集团特别重视党建工作与实际工作密切结合，善于把党建伟力转化成轨道交通人攻坚克难的战斗力、勇往直前的精神力和民生优先的担当力。

2020年，面对新冠肺炎疫情的大考，面对点多面广的工程建设，面对泉城人民的热切期盼，济南轨道交通集团党委班子成员主动担当、靠前指挥，咬定青山不放松，一手抓疫情防控，一手抓工程建设，确保轨道交通2号线如期建成通车，一期建设圆满收官；二期建设"六剑齐发"，地铁建设再展雄风；济莱高铁、租赁住房、市政道路、商河通用机场等重点项目建设全面推进，多点开花。正是凭借党建力量，他们最终给济南人民交出了一份满意的答卷！

在济南轨道交通集团党委的坚强领导下，集团所属各基层单位把党建和日常工作结合起来，充分发挥党员模范带头作用，把支部建到项目上，让党员冲在一线、党旗飘在工地。一个个基层党支部淬炼成了团结职工的核心、教育党员的学校、攻坚克难的"红色堡垒"，助力济南轨道交通集团连续多年在全市国企党建考核中名列前茅。

济南轨道交通集团坚持以党建带动群团组织建设，在全市六大投融资平台中率先成立工会、团委、妇委会和慈善工作站，率先发布企业文化理念体系。各群团组织紧密联动、协同发力、积极作为，初步形成"大抓党建"和"抓大党建"的工作新格局。引导广大职工在履职尽责中全心全意为人民服务，精神文明建设与文化建设相得益彰，本领更出众、工作更出色、人生更出彩！

济南轨道交通集团党史学习教育文化长廊参观现场

宝剑锋从磨砺出，梅花香自苦寒来。攻坚克难、勇往直前的济南轨道交通集团，先后获得"山东省五一劳动奖状""山东省职工职业道德建设标兵单位""创建全国文明城市工作先进集体""经济社会发展综合考核泉城创新奖""经济社会发展综合考核先进市管企业一等奖"等多项荣誉称号。2020 年 1 月 23 日，济南轨道交通集团被省委、省政府授予"攻坚克难奖"先进集体荣誉称号。

建设攻坚：不畏难，永向前

2015 年 7 月 16 日，轨道交通 1 号线打下第一钻，标志着济南正式展开地铁圆梦之旅。轨道交通建设者扎根施工一线，砥砺奋进，面对全新的地铁建设领域，发挥初生牛犊不怕虎的精神，斗志昂扬地迎接一个又一个挑战：盾构机要下穿京沪铁路、京台高速、京沪高铁、富水岩溶区，上跨济菏高速等多处一级风险源；在强富水条件下完成全国首次液氮"冻结"水下接收盾构机，这是一次只有在济南才能碰到的泉域环境地铁施工创举。

施工难点还不是轨道交通建设者最头疼的，保泉才是重中之重。济南地铁之所以争执了几十年，最大的原因就是济南是泉城，在泉域环境里修建地铁，还要绝对不能影响泉水喷涌，这是地铁界的世界级难题。按照"用慎重的态度对待保护泉水，用智慧的方法建设轨道交通"的思路，济南轨道交通集团始终坚持保泉优于修建地铁的原则，确保泉水与地铁共荣共生。建设者在施工中采取封闭降水、原位回灌及导水通道等主动保泉措施，有效消除了建设和运营期间对济南水环境的影响。最终，建设者攻克了修建"泉域地铁"这个世界级难题。

轨道交通建设者以人定胜天的决心和信心打拼在攻坚一线，一步一个脚印地稳步前行，一天一点进展地积小胜为大胜，最终把这些"硬骨头"一点一点地"啃"了下来。如今，这些施工难题已经成为历史，被建设者踩在脚下变成了"垫脚石"。

从第一条地铁线，到三线联网运营迎来换乘时代，再到开建济莱高铁，轨道交通建设者一路披荆斩棘，逢山开路、遇水架桥，在城市交通基础设施建设领域铸就了一座座具有划时代意义的里程碑。

随着轨道交通二期规划的"六剑齐发"，轨道交通 3 号线二期、4 号线和 6 号线建设全面铺开，给轨道交通建设者提供建功立业新舞台的同时，也带来了更多的施工难题。

2021年11月21日，济南轨道交通第二期建设规划首台盾构机"奋进一号"在3号线二期工程稻香站始发

　　好在，轨道交通建设者经过前期工程的洗礼，已经拥有了面对再大困难也宠辱不惊的心态。他们每一天都面对着全新的世界，时时刻刻都做着勇于挑战自我的尝试，在攻坚克难、勇往直前的奋斗过程中形成了独特的济南轨道交通集团奋斗精神——"不畏难，勇向前"。只有"不畏难"，才会有勇敢探索全新世界的动力；只有"永向前"，才有可能持续奋斗开创美好的未来。"不畏难，勇向前"，恰好是应对"没有最难，只有更难"最有力的法宝。济南轨道交通集团的《抢抓轨道交通建设新机遇　激发城市发展新动能——在实现地铁建设与泉水共荣共生中彰显国企担当》入选济南市在改革发展稳定中攻坚克难案例。

运营攻坚：迎来"准点通勤"时代

　　2019年4月1日，轨道交通1号线初期运营，泉城人民多年的地铁梦终于实现。2021年3月26日，轨道交通1号、2号、3号线成网运营助力济南进入地铁换乘时代。人们在尽情享受地铁新生活的同时，也悄然发现济南城市格局已经发生了巨大的变化："坐地铁多少分钟"成为距离单位，特色商圈以轨道交通线路重新划分热点区域，精确到分钟的上下班生活成为现实，济南地铁正引领市民进入"准点通勤"时代。

2021 年 3 月 26 日，济南轨道交通 2 号线开通初期运营

地铁不但改变了城市交通，还改变了人们的生活方式。更让人们欣喜的是，地铁运营所到之处缔造繁华，让泉城处处是中心从"理想照进现实"。迅速成长的地铁运营大军也开始快速进入市民视野。承担地铁运营重任的近 5000 名员工，成为市民心目中地铁新生活的使者。

地铁是一个包含专业多、集成度高的综合系统，涉及客运、乘务、车辆、信号、通信、轨道、供电等 20 多个专业。地铁人才专业性强，培养周期长，人才储备和建章立制都是关键的环节。对济南地铁运营来说，最缺的就是人才，专业的人才！

在 2016 年运营筹备初期，面对从零开始的艰难局面，运营公司把目光投向全国寻找合适的人才，先形成了最初的运营团队。随后，确定了获取运营人才的整体方案：核心岗位重点引进，基层岗位自主培养。研究制定 3 条地铁线路的组织架构、定岗定编和人才培养计划，与 5 所院校签订了培养协议；开展了十几批大规模社招、校招等招聘工作。同时，完成了运营管理制度体系建设，尤其是结合轨道交通 2 号线全自动运行的特点，编制了适用于常规线路与全自动运行线路运营管理的规章体系。

行车组织、客运服务、安全管理……地铁运营的每一步都容不得放松和马虎。为了提高济南地铁的服务水平和现场管理及应急处置能力，运营公司干部职工"苦练内功"：行车组织上追求科学精准，设施设备维护上追求精益求精，客运服务上追求全心全意……

在此过程中，济南地铁形成了自己的运营服务理念——"情若甘泉，润你心田"，推出了"站长面对面"、"常乘客"见面会等系列服务活动，设立"泉心""泉意"服务台，用心倾听乘客心声，全面回应乘客诉求；针对特殊群体诉求，创造性地推出"爱心预约"专项服务；开展"关爱孕妈·让爱畅通出行路"活动，增设母婴室，为孕妈、宝妈群体的出行提供安全、舒适和贴心的服务……

截至2022年3月，济南地铁已累计运营1429余万列公里，安全运送乘客8599万余人次，优质服务获得广大市民乘客的高度认可。

产业攻坚：努力变身"赚钱者"

"轨道交通是彻头彻尾的新动能，不管是轨道交通建设、综合物业开发，还是千亿级地铁产业的打造，每一个环节都培育着新动能。"轨道交通集团党委书记、董事长陈思斌说。

轨道交通集团不只是一个建设单位，还是集规划、融资、建设、运营、物业开发于一体的投融资平台，始终秉承着"土地资源开发收益平衡地铁建设投入，物业开发和股权投资收益弥补运营亏损"的理念，推动着创新多层次、多渠道、立体化、全方位的轨道交通投融资模式，努力变身"融资者"和"赚钱者"。

从最初济南本土地铁建设企业的培养到盾构机实现"济南造"，近年来，济南地铁产业稳步发展，已经初步形成地铁建设、设计、建材、盾构机生产、管片制造、电缆生产等产业，并通过股权投资方式与盾构制造、管片制造、电缆生产、车辆维修等企业合作，进一步增加济南地铁产业的厚度。

"济南造"盾构机顺利进军全国十几个城市的轨道交通建设领域

济南轨道交通集团积极推进轨道交通向产业链的上下游延伸，实现高端带中端，建链、延链、补链发展。努力打造济南轨道交通装备产业龙头，整车造修项目成功落地并实现首列车投产，向着"济南地铁，济南造修，济南配套"的目标不断迈进。

济南轨道交通集团按照"以施工装备、车辆造修为核心，加快产业集聚"的思路，积极谋划轨道交通产业聚集园区建设，成立了济南轨道交通产业园投资有限公司，依托济南重工集团在盾构机等大型工程机械的技术优势、装备优势，利用其现有厂区和周边土地资源，着力打造济南轨道交通高端装备制造基地。在此基础上，不断延伸产业生态链，依托商河通用机场建设规划通用航空产业园，依托济莱高铁建设带动莱芜雪野片区高质量发展，依托山东爱普电气新厂区打造电气设备智能产业园，加快构建高能级、高品质、特色化济南轨道交通产业生态带。

轨道交通集团党委书记、董事长陈思斌说："我希望在不久的将来，济南轨道交通建设运营和资源开发能够实现收支平衡，走向更高质量的快速发展之路，更希望整个济南地铁产业能够早日发展壮大，为 GDP 迈入'万亿俱乐部'的济南经济发展打造新引擎。"

创新攻坚：探寻澎湃发展动力

济南轨道交通集团极为重视创新，狠抓科技创新，加快成果转化，优化创新生态，加速人才培养，有力保障了济南轨道交通一期工程的高效建设和二期规划的成功批复，助力济南轨道交通事业走上高质量发展之路。

济南特殊的水文地质构造和丰富的地下泉水在全世界独一无二，曾一度被称为"全世界最难修地铁的城市"，给地铁建设带来前所未有的挑战。但"有一失必有一得"，济南特殊的泉水地质环境给科技创新提供了难得的试验舞台。济南轨道交通建设者在全力攻克"泉域地铁"这一科研难题的同时，获得多项国家发明专利和山东省专利二等奖、济南市技术发明一等奖。

在轨道交通 2 号线建设过程中，硬岩区成了盾构施工的"拦路虎"。济南轨道交通建设者也在这个过程中收获了不少创新工法、专利技术和省部级科技奖励，为地铁界研究极硬岩石区盾构施工提供了可借鉴的成熟经验。

如今，轨道交通 4 号线、6 号线建设已经铺开。泉水保护、穿越千佛山断裂带和地下暗河等业界罕见的工程技术难题，给科技创新提供了更大的舞台，将激发济南轨道交通建设者更大的创新热情。不久的将来，济南有望收获更多闻名地铁界的科技创新成果。

发展是第一要务，人才是第一资源，创新是第一动力。济南轨道交通集团联合山东大学等单位牵头成立轨道交通领域省级学术组织——山东轨道交通学会，吸纳省内外轨道交通高新技术企业及科技工作者，不断壮大轨道交通领域的"朋友圈"。先后成功创建省级院士工作站、省工程研究中心、省行业重点实验室等20余个科技创新平台，为轨道交通领域的科技创新工作提供强有力的平台支撑。

同时，济南轨道交通集团创造性地提出"顺风车"式科研协作模式，创建省级科技成果转化中试基地，向高校和高新技术企业无偿开放泉水条件下修建地铁的试验场景，搭建开放共享型现场试验基地，形成济南科研招商新格局，这一做法被省科学技术协会评选为2020年度改革品牌项目。

近日，济南轨道交通集团博士后科研工作站获批独立招收博士后研究人员资格，成为济南市首家获得独立招收博士后资格的市属企业，也是继浪潮集团和山东黄金集团后第3家驻济企业。

据不完全统计，济南轨道交通集团通过招才引智渠道，打造人才聚集高地，引进博士8人、硕士658人，推荐优秀员工攻读工程博士20余人、工程硕士80余人；与山东大学等"双一流"高校开展战略合作，推进科研联合攻关，加快创新驱动步伐，承担科研项目120余项，申报专利500余项，授权专利326项，获批软件著作权52项；荣获"詹天佑奖"、"鲁班奖"、山东省专利一等奖、山东省科技进步一等奖等科技类奖励20余项；专业技术人才队伍突破2000人，多人获得泉城产业领军人才、青年拔尖人才、"影响济南"科技人物等荣誉称号。

"十四五"期间，济南轨道交通集团将抓抢历史机遇，以国家加大基础设施投资为契机，按照"先急后缓、先试先行，预留空间、压茬推进"的思路，在实施轨道交通二期建设规划的同时，同步谋划实施周边区县轨道交通线网建设，通过城际铁路、市域铁路、城市轨道交通和中运量轨道交通"四网融合"的高效衔接，积极发挥轨道交通骨干作用，建立起多制式、多层次、全面覆盖、综合高效的轨道交通网络体系，为加快建设新时代社会主义现代化强省会做出新的更大贡献。

（写于2022年）

济南重工：
乘轨道交通发展东风，以匠心铸造"国之重器"

　　济南重工 70 多年的发展，每段历程都有鲜明的时代特性，这不只是单个企业发展壮大的过程，也体现了我国机械工业从手工作坊到大规模机械化生产，从简单制造到消化吸收国外先进技术，再到自主研发智能制造的前进历程。

　　2020 年初，根据济南市委、市政府统一部署，济南重工整体划归济南轨道交通集团有限公司，实现了企业重组。交通之于城市，正如血液之于身体。济南轨道交通集团有限公司自 2013 年 12 月 25 日正式成立以来，全面负责济南市轨道交通的规划设计、融资、建设、管理、运营和物业开发工作。仅用几年时间，开通运营 3 条地铁线路，启动实施二期建设规划，并实现高铁、机场、有轨电车等多领域发展，同时积极构建现代化地铁产业链，迅速成长为轨道交通行业的"后起之秀"。而与中华人民共和国同龄的济南重工，便抓住了这个千载难逢的发展契机，凭借此次华丽转身，济南重工成功晋升为济南轨道交通建设中隧道施工设备——盾构机的"支柱性"生产企业，自此与济南轨道交通集团有限公司融为一体，展现出疾速奔进的"新济南速度"。

1960 年，济南重型机械厂（济南重工的前身）奠基仪式

突破转型：绿色发展下的"破茧成蝶"

济南重工始建于1949年，1955年改名为山东省工业厅济南铁工厂，后更名为济南冶金矿山设备厂、济南重型机械厂，现名济南重工。

1960年，济南重工被列为山东省重点建设项目，在济南市东郊征地625亩（41万余平方米）建设新厂，5年后由济南市区全部搬迁至现在所在的机场路东侧。自此，济南重工的前辈们来到这里，像养育自己的孩子一样，用热情和汗水一步步精心培育这个具有划时代意义的国有企业，怀揣着满腔热情，投身于济南工业发展的建设中。

20世纪80年代，改革开放伊始，正值计划经济向市场经济转型时期，济南重工同诸多老国企一样，一时间陷入了迷茫。在经过短暂的调整后，企业迅速适应发展形势，调整产品结构，将产品重心从天井钻机等矿山设备转移到磨机类电力设备。彼时，电力需求的猛增导致了电厂特别是火力发电项目的井喷式发展，给公司带来了长达十几年的黄金发展期。

直到20世纪90年代初期，企业兼并了多家中小亏损企业，生产经营形势逐渐恶化。尤其是90年代中后期，企业的上级主管单位频繁更迭，企业发展一度面临生死存亡的严峻挑战。

环保脱硫磨

2000年，为求破局，济南重工精简公司产品体系，再次明确了磨机类产品的主导地位，深耕细作电力设备市场，坚持"在朝阳领域做世界领先产品"。

转机来自外贸市场的开拓。2004年，一份来自大洋彼岸的订单吸引了企业上下的广泛兴趣，为满足外部市场需求，济南重工开拓创新，加工出的部件经过装配，其原理虽极其类似于原有的磨机类产品，但研磨对象却由煤块换成了石灰石。更让人欣喜的是，经过一系列化学反应，这款设备居然能"消灭"掉火电厂排出废气中的90%以上的二氧化硫，因此也被赋予了"脱硫磨"这个新名称。且利润率要远远高于传统磨机,满足了需求方绿色环保的需求。

从此,"电厂脱硫"的概念进入了济南重工的视线。

一时间,济南重工人全部靠上,紧锣密鼓组建集销售、技术于一体的脱硫开发部。由"传统磨机"到"脱硫磨"的升级创新,为济南重工再次注入了新的发展生机。

2016年,山东省首台大直径地铁隧道盾构机在济南重工下线

攻坚克难:老国企造出"国之重器"

2008年前后,随着济南市提出"穿黄隧道"概念,济南重工正式开始了与盾构机的"亲密接触"。

盾构机,作为一种用盾构法的隧道掘进机,因其在施工过程中,地面不需要大面积拆迁、不阻断交通、施工无噪声、地面不沉降等优势,当时已经在国内轨道交通建设中广泛应用。

但对于济南来说,整座城市地势走向南高北低,南依泰山余脉,北邻黄河冲积平原,地层中软土、砂卵石、灰岩交替分布,形成了复杂独特的地质水文条件。这也意味着,要想在济南建设地铁,挖掘隧道所需的盾构机必须是"私人订制"，才能确保泉水生态不被破坏。

更重要的是，此时国内盾构机市场已经被德国海瑞克、美国罗宾斯、日本川崎和小松等发达国家的企业牢牢占据，济南重工要想打破困局，拥有自主研发能力，就需要从这些企业入手，学习借鉴、吸收创新。

2016年，在盾构机刀盘焊接过程中，盾构机刀盘电焊组严格把关每条焊缝的质量，探伤合格率达98%，达到了中国焊工的顶尖水平

面对国际隧道建设装备这一全新领域，济南重工又一次开始了全新的进程。

历经数年的技术攻坚与储备，2015年1月，济南轨道交通一期建设规划获发改委批复，这一消息让济南重工全面进入战前动员状态。从争取相关部门支持，到加快研发设计进度，再到盾构机项目的立项建设，11个月通力合作后，一只能在地底穿行、碾碎一切沙土岩石的"钢铁巨兽"——山东省首台大直径地铁隧道盾构机，在济南重工见到了天日。

这只"钢铁巨兽"被众人称为"开拓一号"，并于2016年5月17日顺利完成组装调试验收下线，迅速投入济南轨道交通1号线王府庄站施工区建设中完成始发，2017年11月顺利完成1号线2.9公里的施工。

其间，"开拓一号"犹如蛟龙入地，披荆斩棘，经历了2次始发和接收，先后"零沉降"下穿新建联络线、京沪普铁、京台高速、京沪高铁4处一级施工风险源，突破性地在地下40米进行小半径曲线、叠落段掘进等高难度"动作"，解决了盾构机穿越"富水高强灰岩"岩溶区等世界性难题，

济南重工目前已形成年产近百台盾构机的生产规模

保障了济南轨道交通 1 号线提前 1 年完成通车任务，实现了济南这座千年古城一直追赶实现的"地铁梦"。

2018 年 12 月 7 日，济南地铁隧道盾构机"开拓一号"模型摆进山东省科技馆，与港珠澳大桥整体模型、复兴号高铁、中国北斗导航系统等一同入列"改革开放 40 周年大型科普主题展"。

重组升级：绘就济南轨交崭新蓝图

2020 年初，为整合济南市轨道交通产业资源，济南重工整体划归济南轨道交通集团有限公司，实现了企业重组。

此时济南重工已达"古稀之年"，而轨交集团仅有 7 年的发展历史，但依旧凭借一股"初生牛犊不怕虎"的精神，"以新带老"实现了双赢。

济南轨道交通集团有限公司于 2013 年 12 月 25 日成立，是由市政府管理、市财政出资设立的国有独资公司，负责济南市轨道交通的规划设计、融资、建设、管理、运营和物业开发工作。近年来，在济南市委、市政府的坚强领导下，集团全力完成轨道交通 1 号线、2 号线、3 号线开通运营，保障济青高铁通车、济莱高铁全面开工等重大任务。作为市政府投融资平台，集团还承担了有轨电车、商河通用机场、租赁住房、棚改安置、企业总部基地、市政配套等一系列重点工程。

多年来，轨交集团党委牢固树立抓好党建是最大政绩理念，认真落实"把方向、管大局、促落实"领导作用，严格落实管党治党政治责任，把党的政治优势和组织优势转化为强大动力，以党建引领中心工作，推动轨道交通事业全面提速。从 2015 年 7 月 16 日打下第一根桩基，到 2019 年 1 月 1 日第一条线路建成通车；从一条线开通运营，到三条线初步成网；从负责地铁建设，到高铁、机场、有轨电车等多领域；集团在加快推动轨道交通建设的同时，始终坚持保泉优先、科学规划、反复论证、精细施工，确保地铁和泉水的和谐共生。

而与中华人民共和国同龄的济南重工，在整体划归到集团后，更是屹立发展潮头，成功晋升为济南轨道交通建设中隧道施工设备——盾构机的"支柱性"生产企业。目前，济南重工成功下线并在济南地铁项目中应用了 36 套盾构机，产品还推广应用至广州、杭州、福州、北京、深圳、郑州、南京、贵阳等地。随着更多城市重要建设项目的复工复产，国内的城市地铁建设中将会出现越来越多的"济南制造"盾构机。

时至今日，济南重工被时代重新赋予了改革意义，在新一代济南重工人的努力下，正在发展高端装备制造业的道路上一往无前。作为赋能城市腾飞的新产业、重塑城市经济发展的新抓手，济南轨道交通集团正带领着济南重工，在济南大地上奋笔书写、竭尽铺陈，助推济南市轨道交通事业建设发展进入一个前所未有的新阶段。

（写于 2021 年）

改革启示：

成功的道路上，总是要披荆斩棘。在中华人民共和国成立 72 年、改革开放 43 年的历史中，济南重工几番风雨，几番沉浮。一次次应时而变、一次次凤凰涅槃，济南重工这条蜕变之路，历经万辛，唯有砥砺奋进，方才成就今日之繁荣。

敢于突破，锐意进取。济南重工抓住机遇创新发展的实践，是突破传统行业的发展限制、打破原有的工业化时代思维，不断提升科技研发水平、不断扩展产品类型的生动写照。

社会责任，国企重任。在济南重工发展晋级为盾构机"支柱性"生产企业的背后，所依托的是轨道交通行业的"后起之秀"——济南轨道交通集团。近年来，济南轨道交通集团把坚持和加强党的全面领导落到实处，充分发挥企业文化凝神聚力的软实力，高标准谋篇布局推动企业高质量发展，遵循济南地铁济南造的思路，不断盘活济南重工盾构机产业，并持续拓宽盾构机销售渠道，成功打造"济南造"盾构机品牌。

积力之所举，则无不胜也。带着"极不平凡"的初心使命走来，向"大有可为"的发展方向"追梦"去，济南轨道交通集团带领济南重工奋斗在改革发展的路上，越过千山万水，但前路漫漫，仍需跋山涉水。下一站的济南轨交，势必驶向更为波澜壮阔的未来。

小鸭集团：
42年艰辛砥砺，"顶呱呱"声震全球

如果要写一部济南工业发展史，小鸭集团一定是绕不开的一个存在。曾经，这家现象级的企业代表了济南工业的高光时刻，其跌宕起伏的发展历程，可以说是见证改革开放的一张"活名片"。

历经风雨，拥有42年历史的小鸭一直在默默积蓄力量，以求厚积薄发。如今，小鸭不仅在洗衣机产品上推陈出新，还衍生出了以洗理技术、冷链技术、医疗康养技术为主的电器制造产业和以汽车模具、汽车装备及特种零部件为主的汽车配套产业两大主业。

而今，依托济南市的"工业强市"战略，一个与传统认知不一样的全新小鸭，正站在"十四五"规划开局之年，准备抢占济南工业强市的新高地。

成立："顶呱呱"火遍全国，奠定洗衣机行业龙头地位

1979年，国家轻工业部就中国轻工业发展进行产品结构调整，济南成立济南洗衣机厂（"小鸭集团"前身），成为全国六大洗衣机生产基地之一。

1984年，洗衣机厂引进意大利先进生产技术，研制出亚洲第一台全自动

中国济南洗衣机厂大门

48

1993 年的小鸭集团

滚筒洗衣机，闯出一条引进、消化、再创新之路，开启中国滚筒洗衣机制造时代。

小鸭集团党委书记、董事长、总经理李永刚回忆，那时候的洗衣机根本不愁卖，工厂外面货车排队排出几百米，全国设了 70 多个办事处，洗衣机刚上市基本就被抢购一空。"顶呱呱"的小鸭火遍全国，一时风头无两，几乎成为中国滚筒洗衣机的代名词，也成了国内第一批"中国驰名商标""中国名牌"。

小鸭与意大利圣吉奥公司签署设备购置协议

亚洲第一台滚筒洗衣机

1986 年滚筒洗衣机生产线

1999 年小鸭电热水器生产线

"小鸭"名字的来历也是大有讲究的。改革开放初期，在小河边、水井旁洗衣服是人们的日常，滚筒洗衣机是绝对的新鲜事物。新产品上线了，注册个什么商标呢？当时的创意团队就想起，济南人在河边洗衣服，水面上经常游着一群鸭子。"春江水暖鸭先知"，这句预示春天到来的诗句充满希望。

用什么形象标识呢？大家又开动脑筋：小鸭是第一家从意大利引进的滚筒洗衣机技术，那就用一只白皮肤的鸭子代表欧洲技术，用一只黄皮肤的鸭子代表亚洲技术。两只欢快的鸭子穿西装、戴领结，放到今天仍然是既时髦、又国际范儿的装扮，笑容可掬的"双鸭"标识就这样应运而生。

在那个工薪阶层月工资不过二三十元的年代，一台滚筒洗衣机的价格将近1000元，堪称奢侈品，即便如此，人们仍然争先恐后攒钱购买，以改善生活品质。伴随着"小鸭、小鸭，顶呱呱"这句广告词深入千家万户，"小鸭圣吉奥"牌洗衣机畅销大江南北。

1994年，小鸭集团有限责任公司正式成立，同年，小鸭牌洗衣机率先一次性通过ISO9001国际认证，成为国内同行业的"唯一"。1999年，小鸭集团在深交所挂牌上市，国家商标局认定"小鸭牌"商标为中国驰名商标。小鸭集团成为济南的龙头企业、洗衣机行业的领军企业，"小鸭牌"则成为济南人的骄傲。

发展：历经两次重组，重归主业打造核心竞争力

2000年以后，原本蒸蒸日上的小鸭集团历经2次重组，尤其是小鸭洗衣机业务2005年与南京斯威特集团重组，当时，洗衣机业务从小鸭集团脱离，归至斯威特旗下。这次失败的重组给小鸭集团和小鸭洗衣机业务带来致命打击。

最困难的时期，企业背负着沉重的债务，缺乏维持运转的资金，生产、销售几近停摆，员工工资无法正常发放，甚至生产设备也面临被拍卖的窘境。

这次波折使小鸭错失中国家电产业的"黄金十年"。在其他家电品牌纷纷创造百亿、千亿销售神话的时候，小鸭借着国家"家电下乡"政策，"转战"农村市场来维持生计。

提起过往，小鸭人难掩惋惜之情："我们原本可以发展得更好。"

2010年7月，"鉴于南京斯威特集团无法履行重组协议"，小鸭集团宣布

解除与对方关于小鸭洗衣机主业的重组协议，收回小鸭洗衣机主业。

主业回归后，小鸭集团发现，家电产业的江湖已不是10年前的江湖。但是，小鸭一直都在，小鸭还会再次腾飞。

面对接近饱和的家用洗衣机市场，小鸭集团瞄准商用洗涤领域和细分领域。比如，针对不同用户群体推出了mini洗衣机，受到用户的热捧。当下市场洗衣机功能过于单一，小鸭顺势推出第一台除菌磁化型滚筒洗衣机、第一台纳米除垢洗衣机、第一台超声波无洗涤剂洗衣机、全球首台冷凝直排洗涤烘干一体化洗衣机，引领洗衣机时尚的前沿。

除了老百姓熟悉的家用洗衣机，目前小鸭已经形成了洗涤产业板块，包括自助洗涤、医疗洗涤、特殊领域洗涤、康养产业洗涤、星级酒店洗涤、铁路厂矿洗涤等，并且参与了多个工业洗涤机械国家标准的制定。

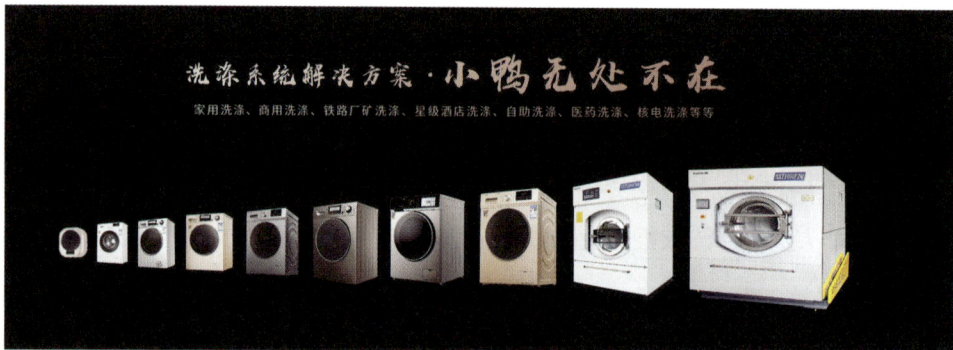

也正是因为当初的"破釜沉舟"，小鸭集团目前是国内唯一从2 kg到200 kg系列全自动滚筒洗衣机研发设计制造商，贯穿了家用洗衣机、商用洗衣机及工业用洗衣机全产业链，并在此基础上切入厨房电器、卫浴电器、厨房小电等多个板块。

如果说营销产品是售卖千篇一律的单一枝丫，小鸭则开始定制一棵大树。"客户想要什么，我们就生产什么。"

当下，小鸭集团正在从"卖产品"向"卖方案"转型，从单一产品提供者向系统解决方案提供者转变，包括率先在全国推出"共享洗衣机"，瞄准社区洗衣蓝海，探索建设城市洗衣工厂方案。2019年，小鸭与日本知名上市公司、日本最大专业自助洗衣房经营企业WASH HOUSE签署合作协议，双方共同开发物联网商用洗衣机，共同拓展自助洗衣房业务。

而这，正是基于小鸭在洗衣机领域数十年的技术积累与"不服输"。

拓展：借势制造业，发展成为汽车装备产业龙头

2020 年 7 月，济南加快建设工业强市动员大会召开，号召全市上下尽快行动起来，聚焦打造"智造济南"，深入实施工业强市发展战略。

企业是经济运行的最活跃因子，也是推动生产力变革的主体。小鸭所有产业的拓展，都围绕工业，尤其是制造业进行，无论是家用洗衣机、工业洗衣机、消费家电、厨卫产品、康养产品、新能源等，都属于制造业；汽车车轮、车轮生产线、车桥等，更是装备制造业，是工业基础的基础。

从 2005 年开始，小鸭开始利用自己模具厂的冲压设备，给中国重汽配套生产车轮、驾驶室等汽车配套产品，随后逐渐向汽车装备业进军。

2017 年，小鸭全自动车轮生产线在俄罗斯安装调试成功

作为重点产业板块之一，小鸭精工（全称"山东小鸭精工机械有限公司"）已被列为济南混改上市的重点企业。其钢制车轮全自动化生产线和车轮模具设计水平已成为行业隐形冠军，是济南周边区域最大汽车模具制造企业，也是国内最大车轮装备制造企业，已与世界前十位汽车车轮制造商建立合作，中国重汽、一汽、二汽、中国陕汽等也是小鸭精工的战略合作商。

2020 年 12 月 31 日，小鸭集团又与山东国基泰祥汽车部件有限公司举行车桥生产战略合作暨增资扩股签约仪式。小鸭精工投资 4.5 亿元，取得国基泰祥 70% 股权，从而进入商用车核心配件车桥的生产，进一步深入汽车领域。

52

由此可见，人们眼中只生产洗衣机的小鸭，确实仍在洗衣机里精耕细作。同时，它已经从属于家电的洗衣机，延伸到了医疗、矿山等企业使用的工业洗衣机，更进一步，还衍生了厨卫电器、医疗康养、冷链等电器制造相关产业。另一方面，其汽车装备产业通过 16 年的努力，悄然成为国内行业龙头，也成为小鸭新的支柱产业。总之，如今的小鸭，早已不是只生产洗衣机的小鸭，其他产业的占比越来越高。

电器制造和汽车装备像是小鸭子的两个翅膀，帮助一个全新的小鸭飞入快车道。

远航：产业链多点开花，搭上国际化快车不断"蝶变"

值得一提的是，小鸭集团的电器制造业，还形成了一个冷链产业。事实上，在洗衣机主业被剥离的时期，冷链电器一直是小鸭集团的重点业务，现已发展成国内规模最大的商用展示柜研发制造基地。在新冷媒应用、风幕技术等节能环保技术方面占据国际领先地位，成为 TESCO、沃尔玛、香港百佳、大商集团等全球大型卖场、便利店等专业客户的首选品牌之一。

随着新零售业态升级，小鸭冷链研发的 24 小时无人售卖饮料柜、药品冷藏柜及打通农产品"最先一公里"和"最后一公里"的实现"从田间到餐桌"的移动预冷设备等数字化智能冷链产品，成为苏宁小店等生鲜超市冷链设备的主供应商。

小鸭展示柜入驻英国超市

小鸭集团冷链产业拥有国内唯一欧标实验室，并参与多项商用制冷器具国家标准制定，是国内规模最大的超市制冷展示柜研发制造企业，在自然冷源、新冷媒应用、风幕技术等节能环保技术方面居国内国际领先地位，于德国斯图加特、英国伦敦等地设立海外研发中心。目前，小鸭冷链正向大型仓储式冷库、冷链运输、高端商用厨房制冷、医疗制冷、无人售货店和自动售货机等上下游领域拓展。

在国际战略方面，小鸭集团按照"立足济南，融入全球"指导思想，坚持"两条主线、三个步骤"发展思路（两条主线是"一带一路"和欧美市场，三个步骤是贸易先行、合作跟进、国际并购），加快国际市场产业布局，目前已取得英国 SEDEX、德国 GS、欧洲 CE、美国 UL 国际安全认证等，商用冷柜和车轮装备产品具备与世界知名品牌和企业同台竞争实力，成为世界级合格供应商，产品远销欧洲、美洲、中东、东南亚、俄罗斯、澳大利亚等 70 多个国家和地区。

2020 年，小鸭集团与澳大利亚知名公司的家用储氢产品合作，生产出了"氢气机"，达产后预计年营收可新增 5 亿元以上。此外，通过各种国际推广活动，大力开拓国际业务：与肯尼亚等客户达成蒸汽熨斗等小家电业务，与越南等客户达成家用洗衣机 OEM 合作业务，口罩、空气消毒机等防疫产品在罗马尼亚等"一带一路"沿线国家实现批量出口，医疗卫生行业所用大型洗衣机在吉尔吉斯斯坦、越南、印度等国家陆续成交，R290 环保冷媒超市冷柜在南非、菲律宾、蒙古等地陆续开花结果，等等。

无论是技术合作，还是市场开拓，小鸭的国际化视野越来越开阔，国际化的步伐越来越大。

引领：持之以恒抓党建，"三力"助推高质量发展

小鸭之所以能走到今天，迎来了这么好的发展态势，根本原因是持之以恒抓党建，以党建为统领，全面提升企业的凝聚力、创新力和融合力，有效激发了企业高质量发展的强劲动力。

近年来，小鸭集团党委持续开展融入式党建活动，打造"三力"文化。坚持"抓好党建促发展"工作理念，坚持以人为本，以创建党建品牌为载体，强化思想引领，加强企业核心价值观塑造，结合企业发展实际，以"不忘初心 牢记使命"主题教育、党史学习教育为载体，抓实党员的学习教育，进一步坚定了全体党员及职工对企业发展的信心。

在集团党委的领导下，小鸭集团党员领导干部经常带领营销人员跑市场、

抢机遇，党员老师傅脏活累活抢着干、做表率，调试人员为赶进度星夜赶路、披星戴月，研发人员为降本增效对方案设计反复修改、优中选优。他们的模范带头引领，凝聚起广大职工群众干事创业的信心和决心。

同时，小鸭集团持续强化建强基层组织网络，通过健全完善制度和机制，不断提升企业创新力。为确保重点项目顺利完成，充分发挥基层党组织的保障作用和党员的先锋模范作用，打破项目推进过程中各专业间壁垒，实现各专业间优势互补、资源高效配置，为项目推进注入了强大的保障力量，创新能力及效率得到大幅提升，不论是统筹规划还是资源协调，都得以更加高效有序地推进。

李永刚对小鸭的发展做了明确的规划定位，心无旁骛攻主业，围绕振兴小鸭主题，大力实施"三纵三横"（"三纵"是产业转型、园区升级、国际战略，"三横"是流程再造、人才聚集、资本运作）战略，加大创新力度，加快传统产业转型升级，促进企业高质量发展。

春江水暖鸭先知，42岁的小鸭再次迎着春风启航，期待在世界各地传来它"顶呱呱"的绝美回响。

（写于2021年）

改革启示：

小鸭集团从1978年开始生产洗衣机，1979年建厂，至2021年已有42年历史，基本与改革开放同龄。

小鸭一直坚守实业报国，坚守制造业主业，靠矢志不渝的创新走到了今天。小鸭的发展源于多年来坚持党建引领、坚持以人为本的企业文化、坚持人才培养和科技创新，是"发源于家电，壮大于电器，奔向于科技"。

小鸭集团高度重视人才队伍建设，按照政治强、业务精、纪律严、作风正的要求，努力打造了一支思想理论好、综合素质高、具有丰富工作经验的人才队伍。截至目前，集团职工总数近2000人，大专以上800人，硕士51人，博士1人，海归7人，常年保持合作的专家教授50余人，实现了老中青三结合，人力资源结构不断得到优化。

从生产设备看，小鸭集团聚焦世界前沿技术，配备了全系列车、铣、刨、磨、锯、冲、焊、切割、喷涂、热处理、发泡等先进的生产设备，以及一流的检验、实验设备，凭借强大的柔性加工能力，有力地保障了产品质量的稳定可靠、满足客户个性化需求。

除了生产优势，小鸭集团研发实力也非常雄厚，拥有国家级博士后科研工作站、院士基层服务工作站以及省级企业技术中心、省级工程技术中心；6家产品公司是高新技术企业，3家是国家高新区瞪羚企业，5家专精特新企业；主持和参与起草6项国家标准、5项行业标准，拥有有效专利301项。

小鸭集团拥有深厚的产学研合作基础，与济南大学共同成立"小鸭集团－济南大学智能制造研究院"，与山东产业技术研究院、深圳创新设计研究院共同组建小鸭智能电器企业联合创新中心；参与共创成立青岛国创智能家电研究院有限公司，致力于家电公用技术和专有技术的研发创新；与天津大学建立联合培养基地，加强人才培养；与山东汉诺威产业技术研究院共建"山东汉诺威高端装备协同创新联盟"。通过产学研院联合，研发商用智能洗涤设备、智能零售设备、智能检测设备等全新产品50余个，产品结构、产业结构进一步优化升级。

小鸭人凭着敢为人先的创新精神、自强不息的拼搏意志、以人为本的人文情怀和爱岗敬业的奉献基因，大胆探索、勇于开拓，不断闯关夺隘，让新时代新小鸭呈现出更加旺盛的生命力。

齐鲁化纤：
从"配角"到产业龙头，借力科研创新上演涅槃重生

济南齐鲁化纤集团有限责任公司始建于 1993 年，近年来，在济南市委、市政府的大力支持下，这家集科工贸为一体的国有大型企业集团坚持以党建引领全

齐鲁化纤俯瞰图

工业园区大门

局，进行产能调节，通过实施创新驱动战略、大力实施品牌战略、实施"线上线下双引擎"的商业模式等方式成功"涅槃"，实现了营业收入跨越式、高质量发展。

启航：打造"一条龙"产业链，化身化纤产业龙头

济南齐鲁化纤集团有限责任公司党委书记、董事长、总经理秦贵昌认为，在济南市委、市政府的大力支持下，企业进行产能调节，才能有今天的效益。

因为企业自身的历史遗留问题，在多年之前齐鲁化纤并不景气，存在着效益低下、产能落后等多种问题。

经历过"阵痛"，方知改革的必要性。

1998年7月济南齐鲁化纤集团改制为控股型国有独资公司，2000年6月济南市国有资产监督管理委员会授权集团公司为国有资本运营机构。

当前，全球新一轮科技革命孕育兴起，正在深刻影响世界发展格局，深刻改变人类生产生活方式。济南齐鲁化纤集团作为山东省及济南市六大重点企业集团之一，抓住机遇实现了化纤纺织业的涅槃重生，孕育了工业、商贸企业的蓬勃发展。齐鲁化纤集团正在用自己的实际行动，践行科技创新、动能转换带来的高质量发展。

齐鲁化纤集团依托国家"八五"重点项目涤纶工程，根据国家优化资本结构政策，通过兼并、收购、托管、授权等形式管理企业共12家，到2002年，集团公司形成了从化纤原料到纺纱、织造、印染、

生产车间

服装加工"一条龙"产业链，在国家520户重点企业中排名第427位，是山东省111户国有重点企业、济南市6户重点企业集团之一，是化纤产业的龙头企业。

目前，齐鲁化纤集团以新旧动能转换为动力，以转型升级提质增效为重点，围绕工业企业创新发展、商贸企业拓展提升工程，大力实施创新驱动战略，全面对接济南市千亿级新材料产业，发挥人才、技术、管理优势，突出"绿色环保、

智能保健、低碳节能"三大主题，开发"环保型、功能型、智能型新材料"，建立了"天津工业大学－齐鲁化纤集团研究院"为代表的技术创新和科技成果转化平台，加快推进"两中心、一基地"建设步伐，推动集团高质量快速发展。

转型：坐拥线上线下双引擎，打造聚集化商业产群

为了适应市场发展，原生产加工业态转型升级为大型商贸企业。齐鲁化纤集团立足商圈建设，整合商业资源，通过开发建设线上电子商务平台，带动线下专业市场繁荣。发挥优质产品的聚集效应，实现"线上线下双引擎"的商业模式，将各商贸企业连成有机整体，进一步提升商业市场的影响力和品牌力。

线下方面，齐鲁化纤集团投资兴建的绿地超市、摄影器材城、婚纱影楼用品城、家电制冷、办公家具、中心商业街等各类专业市场面积达到20多万平方米，年交易额20亿元以上。

工业园区俯瞰图

线上方面，齐鲁化纤集团积极开发"凤凰优品"电商平台。"凤凰优品"始终贯彻"优品、优质、优生活"的经营理念，通过5G新技术、电子商务、大数据、时尚主播、短视频、数字媒体、智慧物流、供应链金融等技术，线上下单，线下门店发货，满足了消费者足不出户就可以享受"云逛街"的需求。搭乘"线上经济"发展快车道，实现"直线追赶、弯道超越"。

绿地商城建成了济南市第一个仓储式超市——绿地超市，并随着超市的发展和业态需求，大力实施"走出去"战略，开办多家便民连锁超市。同时，开

发大宗商品的总经销总代理
工作，与青岛中粮集团、济
南铁旅、建设银行及本地的
20多家商贸公司开展大宗
商品的贸易经营，实现经营
收入的大幅增长。

济南绿地商城

此外，婚纱摄影器材城进一步优化经营结构，大力实施"走出去"战略，按照"婚庆一条龙"发展模式，对婚纱、鲜花等各专业市场进行整合，成为长江以北最大的摄影器材交易中心。

创新：技术研发专利近百项，传递品牌创新"最强音"

"科技"是永恒不变的第一生产力，创新改变消费者的日常生活。近年来，齐鲁化纤集团以"科技研发"作为第一发展力，每年投入大量科研经费，与高等院校、科研院所、优秀企业开展合作。齐鲁化纤集团与天津工业大学成立了联合研究院，搭建了企业新的创新平台，并建设人才公寓，招才引智。聘请3位博士生导师，建设研发基地，全力打造"新材料生产基地""新材料研发中心"、生产环保型、智能型、功能型新材料。齐鲁化纤集团技术开发中心取得各类专利近百项，正向省级技术中心迈进。

集团技术开发中心取得各类专利近百项

2019年开始，齐鲁化纤集团完成了无尘车间的建设和设备、管线安装。主要用于高性能纤维制品和复合材料制造。所生产的高分子复合材料——科络迪系列产品，成功实现了其在纺织品和服装等领域中的应用，为纺织服装领域带来了一场划时代的变革和机遇，具有安全、防螨、亲肤等多种优势。

齐鲁化纤集团研发的科络迪系列产品，广泛应用于工业、生物医药、民用等领域。其中所生产的科络迪防护服由于新科技的应用，具有更高的品质和强力，有更好的防护功能。而在精致包装、防螨产品、擦拭布等领域，科络迪系列产品也因其独特的性能被广泛应用。有机高分子芯材项目正式建成，为齐鲁化纤集团高质量发展注入了强劲动力，践行了动能转换所带来的高质量发展，为齐鲁化纤集团积极对接济南市"千亿级"新材料产业研发生产高性能、高技术有机高分子新材料，从而助力企业成为化纤行业领头羊！

齐鲁化纤集团坚定科技创新的步伐，不断研发新材料、新产品。仿羽绒中空系列产品、棉型系列产品、两维中空卷曲系列等功能性差别化系列产品，源源不断地销往山东、河北、湖北等 15 个省市，高端用户达 2000 多户。其中已经完成了永久性阻燃纤维、亲水速干纤维和 3D、15D 三维卷曲中空差别化纤维的开发生产，实现功能性差别化产品占 90% 以上。

正当时：坐拥工业和商业园区 1200 亩（80 万平方米），驶入发展快车道

近年来，齐鲁化纤集团在市委市政府、市国资委的坚强领导下，坚持以党建引领全局，围绕科创平台、人才队伍、项目建设、品牌打造、科工贸一体推动"两中心、一基地"建设，在商河县征地 650 亩（43 万余平方米），建成了齐鲁化纺工业园化纤纺织生产线；在济南市区通过改造升级，建成了以绿地超市、摄影器材城为代表的 20 多万平方米的专业市场，年交易额达到 20 亿元以上。

齐鲁化纤集团通过实施创新驱动战略，搭建技术创新平台，创建了科创中心，

2021 年 10 月，齐鲁化纤集团聘任中国高分子材料学术带头人、东华大学高分子新材料教授王华平为企业技术中心副主任

成立了"天津工业大学－齐鲁化纤集团联合研究院"，建成市级技术开发中心，并聘请行业领军人物以及在新材料方面的多名专家设立创新平台，同东华大学、中国纺织科学研究院等签订了合作协议，通过技术创新、成果孵化、成果转化和专门人才培养，将联合研究院建设成为科技成果研发转化基地，促进了企业高质量发展。

科创中心研发的有机高分子芯材项目，立足"高性能纤维制品和复合材料"的研发制造，取得了国家知识产权局授权专利27项，其中有2项发明专利、25项实用新型专利，目

多项专利技术为提升企业创新发展实力助力

前仍有6项发明专利处于实质审查阶段，相关技术取得了多项突破，所打造的高新技术产品，填补了国内多项空白，实现了国内领先，荣获"部级技术进步一等奖"，为企业培育了多个市场领域的效益增长点，进一步提升了企业创新发展的实力。

齐鲁化纤集团通过大力实施品牌战略，以"科络迪"康养功能系列产品为代表，开发研制的有机高分子复合抗菌、防螨芯材，在国内居于领先地位，产品以其绿色、环保、节能等特性，广泛应用于医疗、汽车、海洋工程等领域，产品遍布国内各大市场，并远销欧洲、拉美、东南亚等国家，享誉国内外。

齐鲁化纤集团通过各种媒体、网络及营销运营等手段，全面实施品牌战略，通过电视台等媒体进行大量的宣传报道，全面介绍和展示了企业创新发展的工作情况和创新成果，大力推进"科络迪""文化绿地""凤凰优品"等品牌的营销宣传，为企业树立了创新发展的新形象，使"科络迪"等品牌影响力与口俱增，企业形象焕然一新，知名度、美誉度也大幅提升，企业的核心竞争力不断增强。

近几年来，齐鲁化纤集团每年以30%以上的增长速度，步入了发展的快车道，实现了营业收入跨越式、高质量发展。截至2020年底，净资产达到60亿元，拥有工业和商业园区合计1200亩（80万平方米）。

（写于2021年）

改革启示：

发展迎春至，创新正逢时。展望未来，齐鲁化纤集团立足于泉城济南，扬帆起航，如日初升。

创新发展引领新增长极。只有在关键领域不被"卡脖子"，才能建立不受制于人的产业链供应链，畅通国内大循环。因此，齐鲁化纤集团始终坚持以服务国家战略为责任和使命、坚定瞄准行业第一梯队的发展目标，通过创新引领，加快产业结构调整，提升存量产业能级，培育壮大新兴产业发展。集团研发的有机高分子芯材项目等相关技术取得了多项突破，填补了国内多项空白，国内领先，荣获"部级技术进步一等奖"；"科络迪"系列产品营销不断迈出新步伐，极大地增强了企业的核心竞争力，产品遍布国内各大市场，并远销欧洲、拉美、东南亚等地，大大拓宽了企业发展前景。

深层次改革下释放新动力。企业的竞争表面上是产品的竞争、技术的竞争，归根到底是人的竞争和管理的竞争。面对集团转型发展中不断涌现的新挑战与新机遇，稳固坚实的人才根基是持续推动企业高质量发展的动能所在。近年来，在市国资委的关心指导下，齐鲁化纤集团牢牢抓住新一轮国资国企综合改革的契机，以机制改革为重点，激发动力活力，以体制改革为手段，提升管理效率和能级，全力推动脱胎换骨式改变和国际化、市场化、社会化、专业化发展。齐鲁化纺有限公司以市场为导向，加大新产品研发力度，再生仿羽绒中空系列产品，再生棉型系列产品，再生两维中空卷曲系列等功能性差别化系列产品，源源不断地销往山东、河北、湖北等15个省市，高端用户达2000多户。

济南齐鲁化纤集团发挥国企优势，积极承担社会责任，以匠心打造行业标杆，以品质引领国际风范。集团咬定"大、优、强"发展目标，布局复合新材料基地、区域专业市场、电子商务平台，围绕科创平台、队伍、品牌、项目、科工贸一体化建设，大力实施创新驱动战略，全面融入济南市千亿级新材料产业，突出"绿色环保、智能保健、低碳节能"三大主题，加快推进"一基地、一中心"建设步伐。努力把集团打造成资源优势明显、主营业务突出、技术管理先进、核心竞争力强的现代化企业集团，为济南建设成为大强美富通的现代化国际大都市做出新的贡献。

济南二机床：
心无旁骛攻主业，努力打造国际一流机床制造企业

　　在位于济南市槐荫区机床二厂路 2 号的厂区内，有一座建于 1937 年的厂史博物馆，这是济南二机床最早的建筑。在济南二机床现有的 50 余座各种建筑中，建于 20 世纪 80 年代之前的老建筑占据了多半，共有 29 座。

历史博物馆

　　一座座老建筑历经炮火的洗礼和重建的艰辛，见证了济南二机床从小到大、从弱到强的风雨历程，也见证了新旧中国的绵延与裂变、改革与发展。

20 世纪 50 年代建设的厂房

从早期的艰苦创业，由兵器维修、制造转为民品生产；从中华人民共和国成立后研制出中国第一台大型龙门刨床、大型闭式机械压力机，被国家列入机床工业"十八罗汉厂"，到 20 世纪 80 年代引进技术，成为中国锻压行业排头兵；从进入新世纪后实现替代进口，到进入欧美高端市场，成为世界三大冲压设备制造商，济南二机床沿着中国工业历史的发展轨迹，一路披荆斩棘，跨越前行。

64

艰苦创业：转产民品，初露峥嵘

1937 年 10 月，国民政府第五战区军队驻扎在济南西北青龙山麓一带的"辛庄营垣"，建立了军械修理所和五六座仓库，这就是济南二机床的前身。

1949 年 10 月以前，企业在战乱动荡中艰难生存，曾经为支援淮海战役、渡江作战修枪造炮，在解放全中国的功劳簿上记载下了可歌可泣的一笔。中华人民共和国成立初期，济南上千人的工厂只有 6 家，二厂是其中之一，从铁钉到水车、从水泥搅拌机到柴油机，社会需要什么就生产什么。

1953 年 4 月 20 日，生产出中国历史上第一台大型龙门刨床

中华人民共和国刚成立时，一穷二白，百废待兴，国家急需大批大型机床设备，按照全国一盘棋的方针，确定了国内 18 家机床骨干企业，济南二机床由此成为奠定中华人民共和国机床工业发展的"十八罗汉厂"之一。企业从军品生产转入民品生产，从兵器维修定位机床制造。在"打响第一炮，

造出龙门刨"的豪情壮志中，拉开了艰苦创业的序幕。凭借"蚂蚁啃骨头"精神，分别于 1953 年、1955 年研制成功中国第一台大型龙门刨床和第一台大型机械压力机，1962 年研制出当时世界上最大的 B2063 型龙门刨床，1971 年自力更生开发出具有国际先进水平的汽缸体平面拉床，被二汽当作"国宝"，这些受到了邓小平等党和国家领导人的高度赞扬。济南二机床为中华人民共和国重建与经济发展提供了大批亟需的机床装备。"龙门刨故乡""压力机摇篮"的美誉传遍大江南北。

创新转型：引进吸收，升级换代

20 世纪 80 年代初，改革开放的大门刚刚开启，济南二机床率先做出了引进国外技术的决策。1980 年 7 月 24 日，济南二机床与美国维尔森全钢机械压力机公司签订了 10 年技术合作协议。仅以 35 万美元的低成本，引进其

1980 年 7 月，与美国维尔森全钢机械压力机公司签署技术合作协议

八大系列 400 余个规格品种的产品技术。双方约定：采取联合设计、联合商标、分工制造的方式，共同向国内外市场提供高技术水平锻压产品。

通过引进，济南二机床掌握了压力机多连杆传动、导柱导套结构、全功能 PC 控制等先进技术，迅速缩短了与世界先进水平的差距。20 世纪 80 年代末至 20 世纪 90 年代初，正值中国汽车工业由卡车时代向轿车时代的转型期，汽车工业急需大量高技术冲压生产线。济南二机床先后成功地为上海汽车制造厂提供了六台大型多连杆压力机，首次实施"交钥匙工程"；为上海大众汽车公司提供了两条冲压生产线，使"桑塔纳"轿车冲压件实现了国产化；为一汽奥迪轿车生产线研制了当时吨位最大、水平最高的 J47-1250/2000 吨双动拉伸压力机，在国内外引起很大反响。当年机械工业部领导曾经说过一句话："济南二机床现在可以为中国汽车工业说一句硬话了，汽车工业发展所需要的冲压设备国内都可以生产！"

从 1988 年到 1999 年的十几年间，济南二机床为中国汽车工业提供了十几条大型压力机生产线、上千台大重型锻压设备，几乎装备了一汽、东风、昌河、长安、吉利等国内所有汽车骨干厂，赢得了"中国汽车装备部"的美誉。

进入 20 世纪 90 年代，济南二机床积极推进国际技术合作，强强联合，分别与美国 ISI 机器人公司、德国穆勒·万加顿公司、法国 FOREST-LINE 公司等厂商，签订了合作开发制造冲压自动化系统、大型多工位压力机、压力机快速换模装置、自动开卷落料线、大型数控镗铣床、五面体加工中心等技术合作协议。发挥各自在技术开发、产品制造和市场占有率方面的优势，共同开拓国内外市场。通过对合作伙伴技术的全面消化，仅用 1 年就向市场推出了国内第一条全自动汽车覆盖件冲压生产线、大型数控机床等合作产品，形成新的技术优势，实现了产品升级换代。

20 世纪 90 年代中期，济南二机床积极参与国际竞争，推进实施国际化经营。

1991 年 1 月 16 日，举行国内首台 2000 吨大型多连杆压力机验收会

1997 年抓住机遇，与日本小松合作，成功实施美国通用汽车公司泰国工厂项目，即欧宝项目，掀开了国产机床行业重型锻压设备成线出口的崭新一页。实施欧宝项目的同时，1998 年又与德国穆勒·万加顿公司合作，为上海通用汽车提供了当时世界先进水平的压力机生产线，即 SGM 项目。两个国际合作项目的成功实施，成为济南二机床"借船出海"的经典之作，不仅为国家和企业赢得了荣誉，更重要的是借助项目，济南二机床在产品开发制造、内部管理、人员素质等方面取得了巨大进步，企业发展迈上了新台阶。

跨越发展：国际视野，争胜高端

进入 21 世纪，济南二机床瞄准"打造国际一流机床制造企业，塑造世界知名品牌"的战略目标，提出"以市场为导向、以效益为中心、以机制作保障"的工作方针，心无旁骛攻主业，掀开了企业发展的新一页。

加大自主创新，实现从跟跑到领跑的新跨越。瞄准世界最前沿技术，加快新技术研发与应用推广，核心技术与世界同步发展，产品实现智能化、柔性化。每年将 6% 以上的销售收入用于技术研发，先后攻克 330 多项关键技术，完成 245 项省部级以上科技创新计划，承担国家科技重大专项 13 项，获得国家专利 176 项，制定国家与行业标准 27 项。

自主研发的大型快速智能冲压线、伺服冲压生产线、多工位压力机、级进模压力机、新型工业自动化设备等产品的技术水平不断提升，引领市场升级；研制自主新型自动化送料系统，实现了从线首、主机到线尾的完全自主研发，可为

自动化生产现场

全球冲压用户提供"量体裁衣"的整体解决方案。在当前国内汽车制造"冲压、焊装、涂装、总装"四大工艺中，唯有冲压工艺是以济二装备为主，它为中国汽车工业发展做出了重要贡献。

自主研制出具有自主知识产权的多个系列的大型五轴联动数控机床，满足了不同行业、不同材质的工艺需求，实现了从替代进口到批量化、规模化应用的突破，为我国重点行业领域提供了重要装备支持。

自主研制的大型五轴联动数控机床在第十六届
中国国际机床展览会上展出

持续实施技术改造，自2001年以来，累计投入15亿元，组织实施"提升大型数控机床制造能力""超重型机床制造能力"等一系列质量效益型改造项目，新增关键设备仪器1356台（套），新增生产面积15.95万平方米，形成具有国际先进水平的专业化制造和检测把关体系，企业装备水平与制造实力跃居世界同行首位。

智能机床成为机床行业重要的发展方向。济南二机床用信息技术重构过程管理、物流管理和资金管理，实现管理模式变革与创新。借助承接工信部智能制造新模式应用、国家绿色制造系统集成项目实施，不断提升企业智能制造水平，推进实施焊接自动化和加工数控化、自动化等智能制造应用，建立以MES系统为主要应用系统的智能制造车间；推广电子图纸、车间电子目视板，实现车间"无纸化"应用；完善智能监控系统，实现对设备运行数据的实时采集和远程诊断，为用户提供更多增值服务。济南二机床的智能制造实力在多品种、单件小批量、离散型企业中处于国内领先水平，先后入选国家信息化百强企业、国家级两化融合试点示范企业。

强化品牌塑造，实现从装备中国到装备世界的新突破。坚持用世界眼光，对标国际一流标准。在与世界强手的同台竞争中，屡屡取得重要突破。从中国企业的供应商到国内合资汽车冲压设备分包商、总包商，发展到与德日企业同台竞争的国际总包商；从占据国内冲压设备市场，到大型成套全自动冲压装备连续出口国际高端市场；从价格优势到技术、质量、服务优势的全面塑造，济南二机床在打造国际一流机床制造企业的征程中一路高歌猛进。

出口美国福特汽车公司的多条全自动冲压线

2011年以来，济南二机床先后赢得福特汽车美国本土4个工厂9条大型智能冲压生产线，赢得了福特汽车所有新增冲压项目，打破德国企业20年垄断，在国际市场引起巨大反响。后期，又相继赢得福特南非、福特土耳其、福特墨西哥等工厂项目。在中国制造"由大变强"的共同诉求中，率先迈出了具有里程碑意义的关键一步。

"JIER 创造了历史！"百年福特装上中国生产的高速冲压生产线，在福特汽车发源地、在美国引以为豪的汽车文化里，写入了"MADE IN CHINA"的崭新内容！中国制造不再是廉价的代名词，技术和品质赢得的是尊重。福特项目成为中国装备制造进军国际高端市场的标志性成果，树立了中国制造的崭新形象。

2018 年以来，在错综复杂的国际形势下，济南二机床凭借先进的技术水平和可靠的质量与服务，又先后为日产北美、日产九州、标致雪铁龙法国索肖工厂提供了多条大型高速冲压线，实现了美日欧发达国家市场的全面突破。与此同时，抓住国家"一带一路"战略机遇，

济南二机床集团为法国雪铁龙索肖工厂提供的大型冲压生产线，实现了美日欧国际高端市场的全面突破，树立了中国制造新形象

赢得了土耳其、阿根廷、印尼、印度、罗马尼亚、墨西哥等十几个国家的冲压项目，国际市场不断拓展，JIER 品牌国际影响力显著攀升。

党建引领：红色引擎，激发活力

济南二机床从 1948 年 9 月成立第一个党支部，到 1953 年 7 月成立企业党委，再到如今拥有 22 个基层党组织、1218 名党员，企业党员队伍不断壮大，党建工作水平持续提高。十八大以来，济南二机床党委坚持把加强党的建设作为企业发展的"红色引擎"，赓续红色血脉、传承红色基因，改革创新，为打造国际一流机床制造企业注入强大动力。

强根铸魂，旗帜鲜明讲政治。济南二机床把学习贯彻习近平新时代中国特色社会主义思想作为"第一议题"，组织党员干部系统学习、集中轮训，用党的创新理论武装头脑。今年以来，企业党委紧紧围绕庆祝中国共产党成立 100 周年，深入开展党史学习教育，挖掘红色资源，传承和发扬企业光荣传统，切实提高政

济南二机床：心无旁骛攻主业，努力打造国际一流机床制造企业

宣读入党誓词

治判断力、政治领悟力、政治执行力。牢记机床行业"国家队"的责任本色，提升产业兴国、实业报国的"精、气、神"，把"两个维护"落实到生产经营上，在加快实现国际一流目标、推动制造强国建设中担当使命。

强基固本，发挥基层战斗堡垒作用。将党建力量融入实际工作，全面推行党员设岗定责，让党员在研发攻关、重点项目中挑大梁、当先锋。近年在完在成省部级以上科技创新计划中，近70%项目由党员主导；积极推进党员标准具体化、党员考核定量化、党员作用有形化、表彰激励经常化等方法，引导党员干部在各自岗位量化做优，提升企业党建工作水平；选先树优，每年累计评选表彰1500余人次，党员的先锋模范作用和党组织的"红色引擎"加速了企业核心竞争力的提升。

建章立制，在完善公司治理中加强党的领导。济南二机床坚持依法治企，

济南二机床集团有限公司总部广场

济南二机床集团 80 华诞 5000 职工全家福

让制度做企业最好的管理者。细化企业"管人、管钱、管物"工作流程，用强有力的制度约束行为、规范行为；严格贯彻执行国有企业"三重一大"决策制度，坚持决策前广泛听取各方面意见，决策中严格按议事程序集体决策，保证决策的科学性；实施督察、审计、法律、媒体、职工代表质询的"五位一体"督察督办制度，围绕企业生产经营重点工作，加强审计和督察，促进各项工作落实。

选优配强，激发企业发展活力。坚持党管干部原则，实施干部竞聘制、任期制、淘汰制，先后实施中层干部竞聘 18 次，基层行政单位减少 52%，干部人数减少 39.5%，形成了"竞聘上岗、任期述职、绩效考核、到期解聘、重新竞聘"的选拔机制。同时，将中层干部竞聘延伸到部门经理的选拔竞聘，不拘一格选用人才，培育了精干、高效、富有进取意识的核心团队。构建各类人才成长通道，设立专业技术职务评聘制，打通技术、营销、管理、技能等各类人才成长通道，增强了企业发展后劲。建立技术创新、管理创新、合理化建议等覆盖全体职工的奖励机制，加大对"做优""创新"的政策倾斜力度，形成"多劳多得、做优多得、创新多得"的分配制度。通过深化内部改革，建立起"干部能上能下、员工能进能出、薪酬能高能低"的市场化机制，激发员工创新积极性。

从"济南制造"到"济南创造"，从"中国制造"到"中国智造"，从中国机床行业"十八罗汉厂"到世界三大冲压装备制造商之一，济南二机床续写了产业报国、挺民族脊梁、铸大国重器的精彩篇章。

（写于 2021 年）

济南二机床：心无旁骛攻主业，努力打造国际一流机床制造企业

改革启示:

济南二机床集团始建于 1937 年,是中国机床行业骨干企业。从中华人民共和国成立后凭借"蚂蚁啃骨头"精神,研制出中国第一台大型龙门刨床和大型闭式机械压力机,被国家列入机床工业"十八罗汉厂",到改革开放后,率先引进国外技术,博采众长形成济二技术,成为中国机床行业排头兵;从新世纪后实现进口替代,到全面打入国际高端市场,跻身世界三大冲压制造商,济南二机床沿着中国工业历史的发展轨迹,走过了波澜壮阔的 84 年。

机床是工业母机,在这样一个看似"寂寞"的行业里,济南二机床何以能埋头苦干几十年?作为多年行业"国家队",他们坚持"打造国际一流机床制造企业,塑造世界知名品牌"的战略目标,以产业报国、振兴民族装备工业、加快制造强国建设为使命,锐意改革,挑战高端,走出了一条国有企业创新发展、持续发展、跨越发展的成功之路。

以勇立潮头、敢为人先的创新精神,瞄准世界前沿技术和市场需求,坚持生产一代、研发一代、储备一代的研发思路,加强基础性、战略性、前沿性技术的自主研发,屡屡突破技术封锁,实现核心技术自主可控,为国民经济重点行业领域提供了大批关键装备支持。

以不畏艰难、勇担重任的挑战精神,与国际一流对手并肩抗衡,在占据国内领先优势的同时,大型冲压装备出口到亚、非、拉、欧、美、日等各个地区和国家,形成了具有全球影响力的品牌优势和市场地位,彰显了中国制造新形象。

以心无旁骛、执着坚守的实干精神,专攻主业,顶住外界各种压力和诱惑,按照市场规律、行业特性和既定战略,苦练"内功",对标国际一流标准,全面提升管理水平,建设高素质人才队伍,踏踏实实做大做强,成为国企高质量发展的标杆和典范。

工业是立国之本。制造业作为工业经济的基础和"脊梁",是未来发展战略的重要支撑。曾经见证过中国工业的起步与发展,创造过辉煌历史的济南二机床,也必会抓住未来新一轮技术变革的发展机遇,继续走在智能制造前沿,打造"大国重器",擦亮中国制造的"新名片"。

水务集团:
做足 87 年"水文章",济南脉搏澎湃不息

济南,济水之南,因水得名,也因水而兴。

作为"城市命脉",济南供水历史是厚重的。自 1934 年济南市自来水筹备委员会正式成立至今,经历了 87 年的历史跨度。伴随着经济的起步腾飞,承载着城市的开放勃发,济南人喝水、取水的"变迁路"历经巨变,济南的水务事业也沐浴着春风,蓬勃昂扬。

近百年的漫长岁月,折射出济南极速成长的发展变革。站在水务上看济南,这座城市发生着天翻地覆的变化:从最初的泉水自取,到家家户户安上自来水;从"引黄保泉"开启地表水饮用,到"泉水直饮"工程将脉脉清泉输入家中。在改革开放的激流中,数代"水务人"锐意改革、敢于创新、奋勇争先,

1930 年,济南南关所里街一带的担水老人

用了不起的"水务梦",为百姓带来安康福祉,为济南崛起注入无限"水动力"。

2017 年 6 月,在济南市委、市政府的部署安排下,根据《济南市市级投融资平台整合调整方案》(济政发〔2017〕8 号),济南城投集团由 25 家单位整合组建成立,济南水务集团有限公司被整体划归其中,再次迎来新的"蝶变之路"。"水务梦"这个跨世纪的传奇,也将一直奔流不息、持续传承下去。

初生之喜：济南首座水厂建在趵突泉边

济南号称泉城，泉涌河流，吃水自然无虞。凭借得天独厚的泉水资源，在没有自来水之前，绝大多数济南人吃水，是靠肩挑、用车拉。

晨曦中的幽长小巷，一架水车，几声吆喝，老式的排车晃动着水桶吱吱响着，石板地上水迹斑斑满巷洇着……如今济南供水史馆里陈放的一张张老照片，足以反映当时老济南水夫沿街叫卖泉水的热闹场景。

趵突泉水源地测量工作

标志性转折发生在1934年4月，济南市自来水筹备委员会正式成立。1936年10月，济南市自来水股份有限公司成立，同年12月15日，济南市第一个自来水水厂——趵突泉水厂建成，日供水2.2万吨，供水区域多为城关和商埠的部分地区，另有40多处公用水站零售自来水。后来，为了应对水厂供水能力不足，1940年至1942年间，初代水务人又增凿水井、增设抽水机、铺设干管，以至趵突泉水厂供水能力达到3.6万吨／日。

1948年9月，济南解放后，趵突泉水厂又建成一座新机房，并安装了3台机组，供水能力达到每日5.5万吨。此时济南市自来水股份有限公司也被定名为济南市自来水公司，但困扰也随之而来。

这是因为，济南地势呈南高北低走向，供水落差可以达到130米。面对如此特殊复杂的地理结构，必然要采取多水源多级加压的供水格局，才可满足济南不同区域市民的用水需求。

1965年，芙蓉街铺设自来水管线

1955年，在马鞍山高、低压配水池基础上建起的马鞍山加压站，成为济南供水史上第一座加压站。随后的经十一路、八里洼、辛庄、兴济桥、宿家张马、七里河、千佛山等30座加压站，也如雨后春笋般相继建成，星罗棋布在济南的东南西北。

1956 年，趵突泉水厂的水量已不能满足城市客观发展需要，甚至在高峰月份还发生了断水现象。为解决供水紧张问题，1958 年全市水文地质勘探正式启动。至 1972 年新建文化路、普利门、饮虎池、解放桥、泉城路水源地 5 处，连同济南水厂的"鼻祖"——趵突泉水厂，在城中央形成了六大地下水源布局。

20 世纪 80 年代，为保护名泉奇观，趵突泉水厂停止供水，完成了它的使命。

引黄保泉：泉水枯竭下的东拓西扩

一城活水万物生。靠泉吃泉的济南人，祖辈都是以开采市区地下水为生，而随着地下水的过量开采，一度以为泉水"取之不尽，用之不竭"的济南人，开始逐渐感受到水资源紧缺带来的危机。

1975 年以来，济南市泉水年年枯竭，为恢复和保持"泉城"特色，同时保证城市经济发展与百姓生活用水需要，济南自来水公司调整了采水布局，实行"采外补内"的措施，转移开采中心。

1981 年，济南自来水公司投资 3400 万元，在东、西两郊开辟新水源，确定为调水应急工程项目。郊区水源向市区供水，同时陆续关闭市区大部分水源，随着大杨庄、中李庄、宿家张马、腊山等众多水源地相继建成投产，市区泉群逐渐复苏，解了泉城干涸的燃眉之急。

然而当历史的车轮驶进 80 年代末，泉城再次枯水，城市失去了往日的色彩。

1986 年，济南开启"引黄保泉"和卧虎山引水工程。1988 年 12 月，黄河水厂、南郊水厂相继建成投产，自此，济南打破完全依赖地下水资源的历史，市民开始喝上黄河水。此外为缓解市区用水紧张状况，济南自来水公司于 1990 年投资 1440 万元用于应急工程建设，也就是当年著名的"1440 工程"。工程相继建成了七里河加压站、二七加压站、甸柳庄加压站和八里洼加压站，更换 29 台深井泵，新打 8 眼井，

济南市"1440 工程"

调整 5 条输水干管，大大改善了居民的用水状况。此举被济南市政府列为当年为民所办的"十件好事"之首。

"引黄保泉"战略首战告捷，然而城市用水量仍在持续增长，一方面是经济发展日益繁荣，另一方面是供水遇到极大难题，供需矛盾相当突出。

面对这一严峻形势，1998 年 6 月，济南市开始实施"引黄保泉"二期工程。这项工程共包括 2 个水库和 1 座日产 40 万吨的现代化地表水厂及输干管网配套工程，其中鹊山调蓄水库蓄水量 4600 万立方米，玉清湖调蓄水库蓄水量 4850 万立方米，极大缓解了城市用水紧张的局面。

2004 年 7 月 2 日，济南市自来水公司更名为济南供水集团有限责任公司。2006 年 12 月，济南水业集团、泓泉制水公司、清源水务公司正式挂牌成立，寓意着济南供水正式"一分为三"，源水、制水、管网 3 块业务分别划至以上 3 家企业，打破了城市供水"一条龙"。

此次创造性地进行城市供水体制改革，使得城市供水各环节职责更为明确，市民的用水安全和饮水质量也得到进一步的保障。至此，济南水务经历了 72 载的流金岁月。

追水的人：服务格局"从量到质"的突破

2010 年，济南水务确定了由生产经营型向运营服务型转变的思路，并明确提出成为"中国水务行业运营服务一流品牌"的企业目标。

从"精细化管理、标准化服务、数字化供水"的设计，到"民生水务、智慧水务、高效水务、文化水务"的构想，志存高远的"水务人"，在"提高运营能力、提升服务水平"的双轮驱动战略下，为成功实现一流品牌目标不断地积蓄拓展。

事实上，早在 1996 年 6 月 21 日，4 名客服人员、1 部红色老式电话、几个记录本、1 辆俗称"黑老鸹"的摩托车，造就了以省级优秀共产党员、省级劳模白维营名字命名的供水服务热线"白维营维修热线"（简称"小白热线"）。

它的诞生，让市民在以后的日子里，逐渐看到了济南水务在服务态度、服务方式、服务格局上由"量变到质变"的飞速突破。

当时，作为济南水务第一时间捕捉百姓用水诉求的部门，时任管线处副处

1996 年 6 月 21 日，白维营维修热线
2014410 在济南正式开通

20 世纪 80 年代的户表维修

长的白维营，带领着"小白热线"工作人员，开始了没日没夜 24 小时的作业生活。细腻着，勇敢着，室内客服人员讲到嗓子沙哑，户外抢修工们跑到衣衫浸湿，一代代"小白员"，将一条热线串起一张张水网，用特有的方式向市民讲述着"水务人"为完成济南供水使命的勤奋不息的心声。

2006 年 12 月，济南水务将服务再次升级，建成以"小白热线"为龙头，集呼叫中心、业务报装、用户工程与服务督察为一体的客户服务中心。2018 年 6 月，随着时代变迁与话务量、工单量的增加，"小白热线"号码也进一步升级优化为六位短号 968133，以更加便捷、周到、细致的供水服务，满足市民需求。

时间来到 2010 年，当生产经营型向运营服务型转变的思路确定后，打造"中国水务行业运营服务一流品牌"就成为所有"水务人"的奋斗目标。

2011 年，集团将抄表员工作由原来的单一抄表扩大为集抄表、收费、宣传、联络、咨询、巡检"六位一体"的综合职能，赋予抄表员更具服务责任的称号"客户代表"，最直接、最全面地了解百姓用水需求和用水难题。为解决市民家中管道漏水等维修困难，集团主动将供水服务延伸到用户用水最终端，户表维修服务中心与"小白热线"联动，24 小时昼夜服务，随叫随到，为全市户表用户提供表内管线检漏、成本式维修等延伸服务。

2013 年初，由于管网管理区域由东向西扩展，水务集团顺势推出片区式管网管理服务新模式，以"管网抢修服务调度中心"为中枢，细分区所管辖片区，区块管理，责任到人，将巡线员变为"片区管网管理员"，对管网包干管理，主动排查管道问题，实现快速抢修和对停水信息最大化通知，当好用户的"水管家"。

2014年，公司结合客户需求分析及服务实际，在供水服务标准化基础上，以"主动、诚信、专业、尊重、统一"为主线，以"前移服务措施、创新服务手段、完善服务机制、持续提升服务水平"为目标，制定完成达到百姓满意的优质化服务标准体系，并且是全国同行业第一套优质化服务体系，让水务服务水平再上新台阶。

除此之外，集团持续优化网点建设，营业网点由原来4个增至14个，达到五区各有2至3个营业网点，便民交费点增至1400个，水费缴纳方式增至9种。持续推进短信通知、电子邮件定向服务，"十分钟用水服务圈"更加完善。

历史发展的滚滚洪流中，机遇与挑战并存，面对更高远的愿景目标，全体水务人"精于心，敏于行"，不断提升境界，干事创业，共同打开了济南最美生活的梦想之门。

新建设的旅游路水厂

自我升级：追梦城乡一体化"大水务"

2017年6月，根据《济南市市级投融资平台整合调整方案》（济政发〔2017〕8号），水务集团被划归整合到济南城市投资集团有限公司。

在济南市国资委和城投集团领导下，水务集团再次确立了新的发展战略目标：贯彻执行城投集团"做大主业、做强辅业"决策部署，内抓"四化两创"，外抓整合发展，加快供水工程建设，完善基础配套设施；推进城乡供水一体化整合，扩大供水规模，实现"大水务"发展，高举新时代"小白精神"旗帜，优化营商环境，提高服务效能，实现服务"八个转变"，

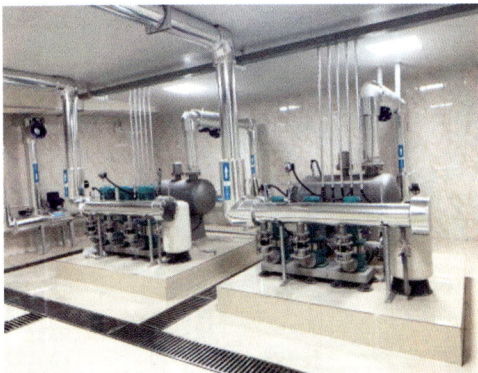

"无人值守"加压站

持续提升运营服务及现代化管理水平，建设现代化供水企业。

其中的"四化两创"建设，是 2017 年 3 月水务集团以建设现代化企业为战略目标提出的，要求实现水质优质化、生产过程自动化、工作流程规范化、过程管理智能化，以及创建新型客户关系和现代化客户关系。

在随后的日子里，集团逐渐实现自身突破：利用泉水资源实行分质供水，建成 17 个泉水直饮试点项目，12 个项目投入运营；与美国爱德士微生物检测及技术研究共建实验室，水质检测能力达到山东省供水企业检测机构 A 级水平，检测项目 170 余项，

直饮水工程让市民喝上甘甜的地下水

具备国家 CMA 认证资质；实施水厂自动化升级和无人值守加压厂站自控系统改造，日供水 10 万立方米内的加压站实行"无人值守"管理；升级智慧营销服务管控平台，已完成 3.23 万只在线总表、11.35 万只户表的智能远传水表改造；完善"智慧水务"建设，打造全国先进的智慧调度运行指挥系统。

值得一提的是，在这期间，水务集团大力对外整合发展，加快城乡一体化"大水务"发展。按照济南市供水"一张网"的要求，积极推进供水企业整合和城乡供水一体化工作：2017 年全面接管济钢片区供水服务；2018 年收回鹊华公司 50.75% 股权，对鹊华水厂拥有绝对控制权，收回泓泉公司 35% 股权，对泓泉公司所属水厂（玉清水厂、东郊水厂、南郊水厂、分水岭水厂）实现绝对控股管理；

2019 年与长清区水务融合，新建南山公司，城乡供水一体化取得实质性进展……

至此，济南水务发生了天翻地覆的变化。如今放眼整个城市，东至章丘边界，西至长清区，南至南部山区，北至先行区，供水服务面积由 500 平方公里扩大到 2026 平方公里，供水规模增加 60 万立方米／日，做大做强做优水务集团取得阶段性成果，济南水务为城市发展提供了坚实的供水保障。

未来发展：创新建设现代化"智慧水务"

2021 年 2 月 22 日，济南市政府正式出台《济南市市民泉水直饮工程实施方案》。从最原始的泉水自取，到"引黄保泉"，再到重新开启"泉水直饮"时代，济南人吃水方式看似兜兜转转回到了原点，实则无论从水质还是供水技术，早已完成了成长瓶颈的突破。

2021 年，全市泉水直饮在建项目共 15 个，包括珑悦府、观山悦等在内的 8 个新建小区以及中新国际城在内的 7 个既有小区项目。在"泉水直饮"系统中，水质在线检测系统是保障直饮水卫生安全的关键环节，它是 24 小时自动运行的。该系统可实时监测并远传水质数据，如水质异常可及时发现并处理。也就是说，

数字化供水调度中心

如果水质出现问题，可以实现第一时间远程遥控停止供水。

足以见得，随着物联网、大数据、云计算及移动互联网等新技术融入水务行业的各个环节，"智慧水务"的发展前景愈发明显。

前期，为完善"智慧水务"建设，济南水务集团专门打造了全国先进的智慧调度运行指挥系统，形成涵盖水源、制水、供水、用水管理各环节流程的"智能化"管理综合体系，包含智能化厂站、智慧调度、智慧管网、智慧营销、接水报装、热线服务、二次供水、水质、物资、工程、物联网平台、大数据中心等近20个内控管理系统。

渐渐地，集团成功唤醒了沉睡多年的"水务大数据"，实现了从自动化到智能化，再到智慧化的转变。

在"十四五"供水发展规划中，济南水务集团明确表示将继续发挥"智慧水务"的作用，以科技引领供水发展，全面推进现代化供水管理体系建设，保持全国同行科技领先水平。加快各子系统、管理平台的研发、升级及推广应用，加大现代化管理手段在供水生产、管网运行、营销管理、供水服务等领域的应用，提高水务系统各生产、管理和服务流程精细化、动态化管理水平，形成供水自动化运行、科学化调度、可视化监控、优质化服务、智慧化管理的现代化供水系统管理新模式。

伴随历史前进的脚步走到今天，济南水务集团从0成长到87岁，发生了天翻地覆的变化，很多东西却依然没有改变，比如水务人为水务事业拼搏的信念，比如坚守初心的"水务魂"。

因水而美丽，因水而和谐，水让济南灵动起来，也让济南市民的生活"美"起来。可以预见的是，未来，"大水务"格局将为济南这个"大强美富通"现代化国际大都市，带来更加充沛的"水动能"。

（写于 2021 年）

水务集团：做足 87 年『水文章』，济南脉搏澎湃不息

改革启示：

水务集团的改革之路，颇具借鉴意义。

回首来路，87个春夏秋冬。济南水务事业从20世纪30年代构建了第一个水厂——趵突泉水厂，到近年来相继建成并投入运行4个现代化水厂，以及正在实施的泉水直饮工程，如今济南水务集团的日供水量已突破百万吨，供水管线长度达5500公里。其背后折射出了一代又一代"水务人"接续奋斗，甘于奉献，以雄厚的发展实力、先进的工程技术为支撑，用青春和汗水书写济南"水务梦"的生动身影。

人类择水而居，依水设城。在时代变革的大背景下，水务集团的改革目标，就是要让传统的国有供水企业持续焕发盎然生机，建立永久性发展的动力系统，才可满足不断发展的城市供水需求。

如何才能获得源源不断的改革动力？作为民生服务行业，水务集团坚守"为群众供好水、服好务"，1996年成立"小白热线"，2006年建成客户服务中心，特别是近年来集团党委又提出了"产权有界限、服务无界限"的理念，让"水务人"前置工作的行动力和主动服务的积极性，均得到了质的提升，也让老百姓的用水获得感、幸福感和安全感得到大大满足。

其次，始终坚持"科技创新"也是集团促进企业转型的重要生产力。以科技支撑企业发展，以创新引领水务壮大，通过"四化两创"建设，解决了自动化程度不高、科技发展后劲不足、生产成本过高、一线服务人员短缺等一系列制约水务现代化发展的问题。通过完善科研工作管理机制，承担国家水专项研究项目，开展多项课题研究，集团从基础的水质化验到现在的高水平水专项研究，迈出了向"研究型、智慧化"供水企业转型的坚实步伐。

成立87年来，水务集团经历了辉煌，也遭受过困境，风风雨雨一直在坚守。如今乘着济南新旧动能转换的东风，集团正一步一步褪去传统的标签，向更加高质量发展业态大步迈进。

济南的"水务梦"，一直奔流不息，未曾停歇。

济南莱芜公交集团：
近 50 年艰苦创业，带来莱芜公交运输变革

2021 年是莱芜公交集团成立第 50 年。光阴荏苒，1972 年，15 名职工凭借 2 辆汽油车艰苦求生存；一路走来，莱芜公交已发展成为拥有员工 1300 余人，营运公交车 1050 标台，旅游、出租、校车、教练车辆 300 台，年客运量 7800 余万人次的公共交通集团。

经过近 50 年的发展，公司由小变大、由弱变强，运营路程延长、车辆增加，最初的汽油车、柴油车变成了燃气车、电动车，人工收费、站点巡查发展成为智能收费、智慧交通，不变的是济南莱芜公交集团为群众提供舒适、便利出行的初心，用日复一日的贴心服务彰显着国有企业的责任与担当。

由小变大：完善基础设施建设，停车场从"0"到"9"

1972 年 1 月 21 日，莱芜县运输公司革委会与莱芜县基建局革委会签订《移交协议书》，莱芜县运输公司经营公共汽车于 1972 年 1 月 1 日起交归莱芜县基建局经营，更名为"莱芜县公共汽车站"。15 名工人、2 辆汽油车——这，就是济南莱芜公共交通集团有限公司的前身。

莱芜公交集团党委书记、董事长、总经理刘加军回忆，公司刚刚成立时，没有停车场，就在位于凤城西大街的老武装部停车、发车，车辆全部为汽油车。

1988 年 4 月 15 日，莱芜公交集团 902 号车组被共青团莱芜市委命名为"共青团号"车组

1989 年驾驶员培训　　　　　莱芜公交集团职工的日常

1973 年 10 月，莱芜县为建立公共汽车站，征用当时矿山公社红星大队耕地，面积 16.71 市亩（11140 平方米）。该地坐落于莱城西关，建成后成为莱芜公交集团历史上的第一座停车场。

2011 年对于莱芜公交集团是有着特殊意义的一年。这一年，莱芜市政府划拨给莱芜公交集团 119.6 亩（7.9 万余平方米）地用于建设公交综合枢纽项目。为了节省费用，让项目尽快开工，集团公司号召干部职工齐上阵，到枢纽用地砍树、清理地上附着物。在所有人的努力下，仅用了不到 1 个月的时间，公交综合枢纽就可简单停车。

目前，总投资 1.2 亿元的公交枢纽一期工程已经投入使用，集办公、车辆停放、车辆调度、充电、车辆维修保养、气瓶检测等功能于一体，利用率大幅提升。

鲁中车队、公交枢纽、口镇停车场的 3 处充电集群，总投资 1800 万元，均采用国内先进技术、智能化的运算系统，能够自动调整低谷充电，自动充满断电，

公交枢纽大楼

公交枢纽停车场

2017年9月正式投入使用的口镇公交新场站

能满足400台车同时充电。公交场站
点多面广，用项目充实现有的场站，
进一步完善充电、气瓶检测、保养维
修、停靠功能。

公交车充电桩

发展到今天，莱芜公交集团共
有9处停车场，占地面积近500亩（33
万余平方米），可以满足现有公交车辆的停放需求。

由少增多：运营公交线路增至68条，公交城乡一体化程度提高

改革开放后，政府开放客运市场，大力扶持个体客运户发展。曾经，莱芜
的乡镇公交都是由个体户买断线路，车况、卫生条件都比较差，站点设置也随意，
这对周边乡镇的居民来说，公共交通体验并不好。

当时，莱芜公交集团的发展困难重重。1996年，莱芜公交集团被迫收缩乡
镇线路，将发展重点放到了城市公交上，本着"路修到哪公交通到哪、小区建到

1989年9月30日上午，2路环城线
正式开通

位于胜利路的公交发车站

哪公交通到哪"的原则，不断开线增车，加强营运管理，城市公交成为市民出行的主要选择。

城乡一体化，车辆先行，公交先行。根据 2010 年下发的《莱芜市人民政府关于推进全市城乡公交一体化的实施意见》，莱芜建立了公交特许经营制度，由政府对莱芜公交集团授予线路专营权。

为实现城乡公交集约运营、改善乘车环境、降低票价以优惠市民，按照莱芜交通运输局安排，莱芜公交集团对 22 辆个体客运车辆进行有偿收购，投入 346 万元，于 2010 年 11 月 15 日开通从红石公园发往亓官庄的第一条城乡公交线路。

2010 年，莱芜公交集团共投入 4000 余万元，购买了 113 台公交车，适时开通 K16 路、K17 路、K18 路、K19 路、20 路、6 路及莱城至莲花山等 19 条线路，延伸了 1 路、4 路、9 路、10 路、12 路 5 条线路，公交网络覆盖了农村客运线路，实现了无缝隙零缺陷对接。票价执行"3、2、1"，即城区主线空调车 2 元、非空调车 1 元，城区至村公交线 3 元、乡镇至村公交线 1 元。

截至目前，莱芜公交集团共开通城乡公交线路 26 条，其中 10 条扶贫线路覆盖了石湾子村、横山口村等 5 个省重点贫困村和龙马庄村、响水湾村等 5 个市重点贫困村。整个城乡公交线网覆盖了莱芜区高庄镇、口镇、方下、高新区、农高区等莱芜公交集团所属运营范围的全部行政村，实现了村村通。

如今，莱芜公交集团有运营公交线路 68 条，线路总长度 1360 公里，编织了一张覆盖莱芜城区及周边乡镇和重工产业城的公交网络，有效地解决了市民的出行问题。莱芜公交集团年实现客运里程 3750 万公里，客运量 7800 余万人次，市民公交出行分担率达 19% 以上。

由旧变新：车辆不断升级，智慧公交遍地开花

从成立之初的 2 辆汽油车发展到今天的 1050 标台营运公交车，从人工售票到智慧公交，近 50 年来，莱芜公交集团的变化日新月异，现代化程度越来越高。

2003 年以前，公司的运营车辆均为汽油车，油耗高、排放污染严重。2008 年底，莱芜公交集团采购 70 辆后置天然气发动机公交车，标志着天然气公交车首次在莱芜运行。

2013 年起，莱芜公交集团积极响应国家节能减排的号召，不断加大清洁能源公交车的更新力度。2015 年，150 余辆"黄标车"从莱芜公交集团淘汰，同年，230 多辆纯电动公交车率先在莱芜投入运营，2016 年底实现了新能源公交车与清洁能源公交车百分之百，纯电动公交车占比 90%。

同时，公司加大对技术管理人员、维修人员、驾驶人员的培训学习，促其熟悉电动公交车的构造，熟练掌握"常见病"的解决办法，为安全运营提供保障。

除对车辆进行更新换代外，莱芜公交集团还不断提高公交出行的科技含量，在实现基本的语音播放站点基础上，依靠"互联网＋公交"的发展思路，以大数据为依托，投资 1800 余万元，安装 4G 智能调度系统，实现了音视频的实时上下传输，车辆状况全天候监控。

公交电子站牌

为深挖公交智能调度平台软件功能，莱芜公交集团将车辆充电、配件管理、乘客大数据分析等纳入智能管理平台，为决策提供准确的数据。目前，投资 1500 万元安装的 365 座电子公交站牌已遍布莱芜主城区，车辆运行信息一目了然。当同一线路公交车运行距离不均匀时，指挥平台会用短信或语音形式通知驾驶员，适当调节车速，保障线路平稳运行。

目前，莱芜公交与济南市公交平台实现了济莱一卡通、微信、支付宝和银联支付，丰富乘客出行体验，开发完善了"公交 e 出行"平台，不断拓展其功能，方便乘客查寻所需乘坐的线路，使之成为市民出行好帮手。2018 年 4 月，莱芜公交集团实现所有线路微信扫码乘车。

在当前科技引领社会发展的形

莱芜公交智能调度中心

势下，人们选择出行的方式更加多样，而公交车依然是城市的主要交通运力。公司将不断拓展运营范围、增加线路、更新车型、升级服务作为发展的主攻方向，主副并举，下好融合发展"一盘棋"。

近50年辉煌创业，披荆斩棘，几代莱芜公交人用激情和汗水书写了艰苦创业的奋斗史，带来了日新月异的运输变革，使百姓出行更加便捷、更为实惠。

（写于2021年）

改革启示：

作为公益性国有企业，济南莱芜公交集团以为市民提供优质的出行服务为宗旨，不断拓展运营范围、增加线路、更新车型、升级服务，主副并举，下好融合发展"一盘棋"。

多年来，莱芜公交集团不断完善基础设施建设，打造实力公交；进一步提升安全管理水平，打造平安公交；进一步提升智能管理水平，打造智慧公交；进一步提升电动技术的消化能力，打造绿色公交；进一步加强企业文化建设，打造人文公交。

莱芜公交集团实施三产、主业联动共赢、合力并行，开辟多元化发展之路，打造更高的发展平台。立足工作实际抓宣传、抓执行、抓思想、抓党性、抓监管，铸就党委火车头强劲的红色引擎，驱动集团公司加速发展。莱芜公交集团连续多年被授予"创建全国文明城市先进集体""全省城市公共交通工作先进集体""全省城建行业文明服务规范管理先进单位""国家级、省级敬老文明号""省级劳动关系和谐企业""省级文明单位"等多项荣誉称号。2020年8月，莱芜公交集团承担的"山东莱芜基本公共交通（公共汽车）服务"国家级社会管理和公共服务标准化试点项目通过了终期评估验收。

自我挖潜、滚动发展，以主业为依托，拉伸三产经济发展产业链，靠着全体职工的智慧和不懈努力，济南莱芜公交集团在发展的道路上阔步前行。

四建集团：
怀揣"大国匠心"，缔造济南品质建设

　　作为一家有理想、有抱负的国有建筑企业，济南四建集团43年的成长之路，可以用价值维度和空间维度来概括它逐步壮大的发展走向。

　　从社会使命而言，1978年1月1日，承载济南城市建设发展重任的济南第四建筑工程公司应时而生，在随后长达43年的时间里，企业创造过建设奇迹，也一度困扰于低谷期。1993年正式更名为济南四建集团总公司，凭借高效过硬的技术质量与转型升级的管理模式，从济南辐射到山东，从全国蔓延到全世界，济南四建向优质产业链转移的"作战"版图不断稳步扩大。

1983年创业初期的济南第四建筑
工程公司

1978年承建的济南电报大楼，是
20世纪70年代济南"第一高"

从空间格局上考虑，覆盖这张错综复杂的"城市建设网"并非一日而就，沿着济南发展脉络走到今天，一个个项目拔地起，一间间平房成高楼，济南由旧城到新城，四建集团不仅仅是见证者，更是参与者。坚持对自身剖析拆解、创新组装，直至找到适合自身发展的最新路子，这家济南引以为傲的本土建筑企业，已经成功晋级为山东建筑行业"领军者"、中国建筑领域最具竞争力百强企业。

当今的济南，其发展处于大转型、大飞跃的重要关口，在三大国家战略叠加效应下，四建集团作为建设济南的一支有生力量，站在时代之需，再次重剑出鞘，高水平谋划集团产业布局，高段位助力强省会建设。济南这个承载众人重托的未来之城，正朝着我们所期待的样子加速走来。

初心探路：从"白手起家"到"崭露锋芒"

1977 年 12 月 9 日，是一个济南四建发展史上值得永远铭记的日子。根据中共济南市委〔1977〕58 号文，在原济南市建筑工程公司二、四工区基础上，济南第四建筑工程公司筹备成立。

1978 年 1 月 1 日，济南第四建筑工程公司正式成立，自此在济南城市发展史的长河里画上了浓墨重彩的一笔。

截至 1996 年，这期间的 18 年可以说是济南四建的艰苦创业期。尽管当时处于物资匮乏、设备简陋、技术落后的艰苦岁月，仍没有阻拦住"四建人"心怀梦想、白手起家的创业激情，"四建人"硬是在省市难点、重点工程上拼出了一条生路，创造了一个个建筑奇迹：3 个月完成顺河商业街，12 个月建成了摘取全省第一个"鲁班奖"桂冠的八一礼堂，先后建成 20 世纪 70 年代、80 年代泉城第一高楼——济南市电报大楼和纬二路电力大楼，建成的佛山苑小区获住宅项目首个"鲁班奖"……

"高光时刻"的背后总要付出很多东西。从小推车、泥瓦匠，到现代化施工装备、创建花园式工地，济南四建走过了一段不平凡的创业之路。这是必由之路。

1979 年在全国建筑行业首创计件工资制；1988 年推行内部经营承包责任制；1990 年通过国家二级企业考评，晋升为国家二级企业；1992 年改进完善企业体制与管理模式；1993 年实行全员劳动合同制，济南四建集团总公司正式更名成立；1994 年按照《公司法》要求进行改制，成立济南四建（集团）有限责任公司。

1996 年，济南四建领导班子经历了"先破后立"的重大调整。新一任领导班子高瞻远

1994 年 9 月 3 日济南四建（集团）有限责任公司创立大会

瞩，立足实际，确立了"主业做大、专业做强"的企业发展战略，并出台《项目管理暂行办法》，在确保企业发展规模和效益"双频共振"的基础上，凭借过硬的技术和质量，将集团战略目标向优质产业链转移。

一时间，四建集团在山东建筑业崭露锋芒，在为济南带来丰厚物质成果、享受重大国家级荣誉称号的同时，也增添了以"艰苦创业，初心不改"为四建文化精神底色的浓度。

强基固本："大国工匠"下的品牌崛起

任何一个建筑企业的发展，都离不开品牌的支撑和带动，济南四建也是一样。要想得到高质量发展，就必须发挥"大国工匠"的服务精神，做大做强企业品牌，后续再慢慢转型升级。

1996 年至 1998 年，济南四建集团大力实施项目管理体制改革，"十大品牌"项目部应运而生，企业的经济效益、综合实力也得到飞速提升，整个企业逐渐向现代企业集团化发展迈开步伐。

1999 年，随着项目管理法、劳动人事法、财务管理法和科技发展规划颁布，集团正式建立起现代企业管理机制。从这一年开始，截至 2003 年，强基固本下的济南四建在建筑行业品牌竞争中打出了一张重要王牌——实现"鲁班奖"五连冠。

鲁班奖于 1987 年创立，是中国建筑行业工程质量的最高荣誉奖，也是众多建筑企业翘首仰望的梦想。1990 年，四建集团施工承建的济南军区八一礼堂首

次折桂，成为山东省首个"鲁班奖"工程。1995年，佛山苑住宅小区为集团摘得第二个"鲁班奖"。1999年至2003年，集团一举实现"鲁班奖"五连冠：1999年的济南轻骑发动机联合厂房工程，2000年的山东省广电厅B座高层住宅工程，2001年的中信广场工程，2002年的济南房产大厦工程，以及2003年中国人民银行济南分行金库营业楼工程、玉清水厂工程（参建）双获"鲁班奖"。

八一礼堂成为山东省首个"鲁班奖"
工程

济南奥林匹克体育中心网球馆，
2010年获"鲁班奖""詹天佑奖"

从建设之初的苦战，到攻坚克难的鏖战，济南四建"鲁班"逐梦之路越来越坚定清晰，企业发展之路也越来越坚实宏阔。

2003年，随着第一版企业技术标准颁布实施，集团逐渐赢得了打开市场的"话语权"；2004年，佛得角分公司成立，济南四建驻外施工常态化；2006年，新修订的公司章程加快了集团管理制度化、信息化和现代化；2007年，济南四建登榜首批"全国建筑业诚信企业"。

品牌在奋进中崛起，企业文化也在改革中创新。2009年，济南四建集团荣获"全国工程建设质量管理优秀企业"殊荣，高居济南市综合排名20强之首，成为省市建筑行业排头兵，至此，也打开了四建集团新一轮干事创业的奋进篇章。

厚积薄发："大刀阔斧"打破传统格局

"做有思想、有内涵、有文化的建筑企业"，2011年，济南四建《建筑是人格的印章》企业文化手册一经发布，即成为"四建人"的行动指南，也为企业跨越前行打下了深厚的文化根基。

彼时，由于建筑市场准入的放开，导致"中建系"央企巨头纷纷抢占二线市场。

如果按照常规的速度发展，济南四建的路就会越走越窄，所以摆在集团面前的，就是要打破传统格局实现"二次创业"。

厚积方能薄发。从 2010 年起，济南四建就在为晋升建筑工程施工总承包特级资质上积蓄力量。2010 年 5 月，济南四建成立特级资质申报办公室，正式启动"升特"工作，企业技术中心升级为省级企业技术中心，注册资本由 8000 万增至 3 亿；2011 年，集团房地产开发资质由二级升为一级；2013 年，首批工程项目公司成立，管理体系由两级向三级过渡；2016 年 8 月 8 日，圆梦数代四建人，公司取得建筑工程施工总承包特级资质，跻身全国建筑企业第一方阵。

从粗放到集约，从传统到现代，六年磨一剑的济南四建不断积累丰富的行业知识与实战经验，用新理念引领新格局，以新战略谋划新发展。

2017 年底，济南四建成功中标济南市历城区郭店街道十村整合城中村改造安置房项目工程总承包（EPC）二标段，总造价 13.5 亿元，实现了 EPC 总承包项目外部市场零的突破。此时建筑业改革已经步入深水区，基础设施建设逐渐成为市场投资主要方向，PPP、EPC 等新的项目运行模式可以激发产业发展新动能，也是济南四建想在济南站稳脚跟必须要跨过去的一道坎儿。

经过 3 年坚持不懈的市场拓展，济南四建目前的 EPC 总承包项目达到 140 万平方米，占集团施工总承包业务的 30%，充分体现了企业在专业设计、技术、管理、施工、劳务等方面全产业链整合的优势，展示了企业强大的综合实力和集团化发展水平。

然而不只是对传统产业链进行改造和价值提升，在探索"投资＋建造"的运营模式上，济南四建同样也做了充分认真的谋划。

拉伸集团优质产业链的长度，以建筑总承包为主业，向产业链上下游延伸，发展成为集投资、设计、施工、装饰装修、采购等一体的现代化建设集团。拓展企业市场经营的深度，借助 EPC、PPP 项目运营

济南超算中心科技园

模式，向投融资、市政工程、新型建材等产业板块拓展，并将新基建、绿色建造、建筑产业化、海绵城市、地下管廊等重点领域作为企业未来市场拓展的重要方向。开辟企业发展的广度，与国内大型品牌开发商和投资机构强强联合，大力实施"走出去"战略，先后承建了中国驻巴基斯坦、波兰、东帝汶、塞尔维亚等近20项使馆工程，形成了以济南为总部基地，立足山东、面向中国、辐射海外的产业布局。

厚积薄发下的跨越，是创业精神的迭代与升级，从高速到高质，打破传统发展格局的济南四建释放出了更加强劲的发展动能。

基业长青：向着"百年企业"阔步前行

2019年，济南四建凭借全年产值100.18亿元、新签合同额超百亿，提前两年完成了集团发展规划中的"双百亿"目标。这背后有两个不容忽视的关键因素，发挥战略引领效应的"顶层设计"，以及赋能企业新旧动能转换的"创新驱动"。

所谓顶层设计，实则就是全局意识，站在高处俯瞰，对全局工作进行整体设计、整体布局。按照古人"取法其上，得乎其中；取法其中，得乎其下"的思路，2016年开始，济南四建聘请上海高水平的管理咨询团队，结合企业发展实际，广开言路汇集全体职工智慧，从集团发展大局出发，编制了《2017-2021年济南四建集团五年发展战略规划》，并于2017年5月出台。

五年战略规划吹响了四建人奋发进取的冲锋号，很快就起到了良好的引领作用。自2017年起，济南四建在产值和发展规模上逐步实现大幅度跳跃：2017

省会文化艺术中心美术馆、图书馆

年产值 63.39 亿元，终结 2013 年以来连续 4 年企业产值在 50 亿规模徘徊的局面；2018 年产值 80.6 亿元；2019 年产值 100.18 亿元；2020 年集团完成产值再创新高，达到 111.08 亿元。

除了高段位的顶层设计，在企业高质量发展的征途上，济南四建集团大力实施创新驱动，推动产业结构"转型升级"。

在业内人士看来，以 BIM 技术为代表的信息化技术，可极大提高建筑企业集约化管理能力，提升工程项目的精细化管理水平，从而促进整个产业效益和效率的提升，实现新常态下的转型升级。正因如此，济南四建集团的项目信息化建设自 2016 年开始，

奥体金融中心 BC 楼

一直在高标准推进。2020 年，集团科研攻关项目奥体中心 BC 楼"高空大跨度双层钢连廊整体提升关键技术研究应用"荣获全国工程建设行业科技进步二等奖，这一项目就充分运用了 BIM 技术。

如今济南四建拥有国家级工法 5 项、省级工法 65 项，发明专利 12 项，实用新型专利 39 项，计算机软件著作权 2 项，企业技术标准 18 项，累计获得中国建设工程质量最高奖——"鲁班奖" 12 项、"国家优质工程奖" 6 项、中国土木工程"詹天佑奖" 1 项、"中国市政金杯示范工程奖" 1 项、中国房地产最高奖项——"广厦奖" 1 项、"中国安装之星" 5 项、"中国建筑工程装饰奖" 4 项，保持了山东省建筑行业的领先地位。

然而成长没有尽头。2021 年 7 月 22 日，因城市改造与更新，济南四建集团总部办公楼搬迁至堤口路 5 号院。新总部办公基地的启用，宣告位于济泺路 163 号的办公基地，完成了它 40 多年光荣而神圣的历史使命。

在强省会建设的新时代下，未来，一个"新济南四建"集团将以崭新面貌呈现在大众眼前。向着新业态、新模式、新动能的高质量发展之路融合，向着独

四建集团：怀揣"大国匠心"，缔造济南品质建设

95

具四建特色、充满四建智慧的百年企业阔步前行，济南四建将为济南城市建设发展带来更多的惊喜。

（写于2021年）

改革启示：

探寻济南四建集团逆势突围的基因密码，有两个不容忽视的关键因素：顶层设计与创新驱动。

四建的"顶层设计"就像一棵根深蒂固、枝繁叶茂的大树，承载着"目标方向—实施路径—获取成果"的完整循环，这是集团求解"转型升级"形成的独有方法论。

2016年，集团在晋升为特级资质后，就聘请高水平的管理咨询团队，结合企业实际情况，进行了为期五年的战略规划。

2017年开始实施，到2021年是收官之年。规划志存高远擘画了企业愿景，凝聚着全体"四建人"的智慧和力量。2019年，集团完成产值、新签合同额双双破百亿，提前完成了集团五年战略规划目标，成为济南市第一个百亿规模的国有建筑企业。2020年，集团克服疫情影响及建筑行业下行等诸多不利因素，产值再创历史新高，全年完成产值111.08亿元，同比增长11%；全年实现利税9.05亿元，同比增长12%；实现利润4.7亿元，同比增长8%。这得益于不断积累的丰富行业知识与实战经验。

国企改革路上，四建集团深谙一个道理，像建筑业这种传统企业要想获得持久不衰的发展源泉，就需要大力实施创新驱动，及时把效率低下的"旧动能"，转变成符合国家产业导向的高效"新产能"。

积极布局新产业，打造优质产业链；创新管理模式，进行组织架构、绩效、薪酬三项体系改革；加强风险管控，兼顾企业发展质量和效益提升"同频共振"；大力实施品牌战略，提升企业品牌的美誉度……如今创新的基因已经融入济南四建的血液里，推动着集团一路奔跑、赶超。

改革未停，未来可期。五年战略规划收官之年，济南四建肩负使命开启新局，高瞻远瞩绘制新的发展蓝图，锋芒所指，一往无前，迎接属于自己的新时代。

济南一建：
近70载建筑铁军，践初心匠造齐鲁

　　济南一建初建2年，就完成了北京展览馆、首都体育馆、北京航空航天大学和军用机场国防设施等国家重大项目的建设，2次受到中央军委通电嘉奖。

　　济南一建落地济南后，参与济南化肥厂、济南钢铁厂、南郊宾馆、国棉二厂、山东省体育中心、解放阁、舜耕山庄等重点大型工程，期间还调派部分精锐力量重返北京参加了人民大会堂的建设。

　　时光荏苒寒暑易，物华又与岁华新。

　　济南一建的脚步曾经记录下中国建筑史上最为华丽的图景，也曾描绘出济南建筑史上不可或缺的篇章。

济南一建企业历史沿革图

传承红色基因，铸造建筑铁军

　　济南一建的历史，可以追溯到1952年毛主席下达的《人民革命军事委员会命令》，其中提到"批准中国人民解放军 36 军 106 师转为中国人民解放军建筑工程第一师的改编计划，将光荣的祖国经济建设任务赋予你们，你们现在可以把战斗的武器保存起来，拿起经济建设的武器"。

战场上所向披靡的军人，在祖国需要他们建设的时候，放下了手中的枪，拿起了建设的武器，成为披荆斩棘的开拓者。

同年 12 月，在北京西直门成立了中华人民共和国第一家国有建筑企业——中国建设工程部华北基本建设工程公司，由建工部直管。1953 年更名为建筑工程部华北直属第一建筑工程公司。1955 年，遵照毛主席的指示，全公司整建制迁往山西大同，更名为建筑工程部华北工程管理局大同总公司（简称"华大"），共分为 3 个处，其中二处实力最强，承建工程的规模最大。

1958 年，响应国家政策号召，"华大"二处整建制迁往山东济南，并更名为山东省第一建筑工程公司，后于 1978 年正式成立济南第一建筑工程公司，简称"一公司"，自此开启了在齐鲁大地上的建设篇章。

这，就是济南一建的源头和根脉。

它从历史源头上流淌着斗志昂扬、执行高效的军人血脉，是一支名副其实的建筑铁军。

首都体育馆

大同机车厂

在北京，济南一建参与了人民大会堂、首都体育馆、苏联展览馆、北京航空航天大学、军用机场等民用及国防设施的建设。

在山西，济南一建主要建设了苏联援华项目——山西柴油机厂（当时代号"616 厂"）和大同机车厂。

1965 年，服从国家战略调遣，济南一建调派 2 个工区开赴四川，开始了艰苦的"大三线"建设。在此期间主要建设了四川峨眉水泥厂、五通桥电机厂等工程。

98

在济南,济南一建主要负责了济南化肥厂、济南钢铁厂、南郊宾馆、国棉二厂、山东省体育中心、解放阁、舜耕山庄等重点大型工程的建设。

解放阁

山东省体育中心

南郊宾馆

"从北京到大同,从山西到山东,入川建设大三线,四海为家苦为荣。"一句话道尽济南一建早期的改革发展史。

济南一建发展的每一步都紧踏着国家发展的鼓点——每一项大型工程建设,它都精雕细琢;每一次攻坚,它都使命必达。

它几乎与共和国同龄,它的身上流淌着中国人民解放军的血液。走过70载峥嵘岁月,济南一建始终致力于引领济南建筑行业发展。

经历改革阵痛,分兵突围布局全省

就是这样一家有着近70年历史的老牌建筑企业,也曾在20世纪90年代经历了改革的阵痛。

当时正值国家经济转型时期,建筑行业受到了很大冲击,工人老龄化严重,内部体制僵化。由于贷款压力大,企业利润甚至不足以偿还利息,不少建筑企业濒临破产倒闭。

在这种情况下,济南一建领导班子做出了进行内部体制改革的决定,赋予项目部较大自主权,让他们各自为战,分兵突围。

从集中管理改为量化分权，在公司内部推行项目承包制，释放产能，济南一建迈出了改革第一步。

1994年5月7日，经济南市经济体制改革委员会批准，济南第一建筑工程公司正式更名为济南一建集团总公司，迈出了向现代化企业转型的新步伐。

重视党建引领，助推高质量发展

在70年的建筑铁军筑造之路上，济南一建始终传承红色基因，不断走向发展壮大，持续推进了企业高质量发展。

济南一建明确了党组织在企业法人治理结构中的地位，健全完善了党委工作制度，把党的领导融入公司治理各环节，不断提高管企治企水平。同时扎实开展党组织标准化建设，相继下达了党支部标准化实施方案、党支部建设规范提升工作方案，明确党支部建设提升工作评价考核办法，制订任务清单、问题清单。

结合施工企业特点，济南一建打造了自己的党建品牌——"e建先锋"，包含基准工程、雁阵工程、载体工程、双育工程、先锋工程等五大体系，涵盖基础保障、人才保障、活动阵地、素质保障、生产实践等多方面，有效推动党建工作与改革发展深度融合。

济南一建还将党建融入了校企合作中。在济南市委党校和市国资委的大力支持下，2021年4月11日，济南一建成立中共济南市委党校济南一建集团分校，教育引导广大党员干部"学史明理、学史增信、学史崇德、学史力行"，"学党史、悟思想、办实事、开新局"，以新建树新作为向建党一百周年献礼。

多年来，济南一建以党建为引领，坚持问题导向，围绕国有企业改革发展的热点难点，找准党建工作与生产经营的有效结合点，探索党建工作在重大项目建设中发挥作用的新模式，切实找准问题短板，推进各方面工作取得了新突破。

咬定主业不放松，"含金量"进一步提升

从2000年开始，济南一建在"走出去"大经营战略的指引下，经过多年的精心布局和深耕厚植，建设工程在广袤的齐鲁大地上遍地开花。济南驻济高校的新建工程项目，几乎都有一建集团的身影。乘着医疗制度改革的东风，济南一建

还承担起了省内外十几家医院的新院区建设任务。改革转型对于济南一建开拓济南市以外的市场起到了积极的作用。

以山东省省会济南为立足点，以青岛、潍坊、德州等城市为引领，地域横跨山东省十七地市，并逐渐向纵深推进，济南一建参与到几十个县市的重点工程建设中。通过开展精品工程建设与争创奖项的"双推"工程，中国建设工程"鲁班奖"、"国家优质工程奖"、中国土木工程"詹天佑奖"等国家、省、市级各类奖项纷至沓来，企业品牌得到迅速推广。

山东大学工学教学科研综合楼、山东师范大学教学实验楼综合楼、山东财经大学圣井校区、山东省千佛山医院、济南市中心医院、聊城市东昌府人民医院……能够获得高校、医院的承建权，济南一建靠的是过硬的质量、品牌和信誉。

山东大学工学教学科研综合楼

聊城市东昌府人民医院迁建项目

作为一家施工企业，工程质量是企业的生命。质量是企业品牌的重要内涵。以质量求信誉，以信誉求发展，是一建集团一直在走的路。

济南卷烟厂易地技术改造联合工房工程是济南一建近年来建设的代表性工程。自济南一建承建该项目后，集中项目人员攻关克难，对质量、安全等方面进行整顿，成立党员突击队，将现场划分为 12 个作业区，每区设区长，分区包干，开展劳动竞赛。由于工期紧、任务重，所有管理人员白天黑夜连轴转。最终，该工程以无可挑剔的品质，荣获中国建设工程质量最高奖"鲁班奖"和全国建筑业新技术应用示范工程，历史性地创造了"五个亚洲第一"。

济南卷烟厂易地技术改造联合工房

像这样的精品工程，在济南一建的荣誉室中数不胜数：清雅居安置房工程获"鲁班奖"，济南顺河高架路工程获中国市政工程"金杯奖"，济南市中级人民法院综合楼工程、山东大学综合实验楼工程、聊城市东昌府人民医院迁建项目获"国家优质工程奖"，将军集团经贸大厦工程获"全国用户满意工程"，山东肥城矿业集团中心医院获全国煤炭行业工程质量"太阳杯"奖，济南奥体中心平台工程获中国土木工程詹天佑奖……

济南奥体中心平台工程   济南奥体中心平台工程获"詹天佑奖"

在安全管理方面，济南一建更是不断增强安全红线意识，推进安全生产风险分级管控和隐患排查治理双重预防体系建设工作，精心开展"安全生产月"活动，举办安全教育培训，加大安全检查力度，开展应急演练，加强扬尘治理。所建工程荣获"国家 AAA 级安全文明标准化工地""全国建设工程项目施工安全生产标准化建设工地""山东省安全文明工地""济南市安全文明工地"等多项安全奖项。

岁月熔铸真金，品牌沉淀价值。

多年来，济南一建始终坚持建筑主业不动摇，聚焦精细施工，所建工程多次成为区域标杆，带动当地建筑业水平不断提升。截至 2021 年，济南一建集团已经获得中国建筑 500 强企业、全国优秀施工企业、全国用户满意施工企业、全国建筑业先进企业、全国建筑业 AAA 级信用企业等奖项——企业高质量发展的"含金量"进一步提升。

信息融合赋能，开创管控新模式

公司完成公司制改制后，先后建立起财务共享系统、工程项目管理系统、人力资源管理系统、智慧工地管理系统、BIM 模型网、档案管理系统、供应链管理系统等，开创性地做到建筑施工领域"环环相扣"全生命周期的管控模式，信息化＋业务融合＋绩效考核取得突破性进展。

公司致力打造"智慧招标＋资源共享＋电商直采＋综合金融"于一体的建筑行业垂直性供应链管理新模式。自建"爱建云"平台，在 5G＋不见面开标、防欺诈围标串标检测管理、多网联动失信联惩信用平台等方面获得多项发明专利，平台秉持"以诚致远 链聚生态"，采购商与供应商免费加盟入驻，以流量为王，以服务取胜。加大平台的开放性和覆盖性，避免信息孤岛实现全面数字化转型，为集团建立大数据分析决策平台赋能。

与政策同行，与客户共赢。目前平台已完成注册供应商 1.3 万家、采购单位以济南一建、元丰集团、中国中铁山东公司、一元建设等为联盟的采购群体，接入数十家金融机构，解决建筑行业采购过程用钱难的问题，致力打造行业级的综合金融服务平台；在电子招投标方面积极对接国家招投标公共服务中心，保障其过程的合规与严谨；爱建云下设的爱建商城为一站式在线采购平台，从寻源比价、在线下单到提供服务、线上结算等环节实现一键流转，目前已经对接苏宁易购、方盛云采等供应互联网平台。

老国企的新转变备受各界瞩目，公司先后获得"中国企业信息化 500 强"、"全国数字化技术应用典范"、山东省"两化融合试点企业"、"中国杰出数字化项目"、"2020 年工程建设行业互联网发展优秀案例"等荣誉称号。

勇于开拓创新，实现提质增效

2020 年，济南一建营业总收入突破 30 亿元，利税达到 2.53 亿元。这个数字背后，是济南一建勇于开拓创新、提升企业核心竞争力的缩影。

科技是第一生产力，创新是第一推动力。

近年来，济南一建逐步加大资金、人才及相关配套设施投入力度，努力提升科研能力和水平。

2018 年 6 月，济南一建技术中心被认定为市级企业技术中心，以技术中心为依托，鼓励和引导技术人员开展技术研发，公司技术中心目前拥有专职研发人员 347 人，并与山东大学、山东建筑科学研究院、山东建筑大学等高等院校和院所建立了长期稳定的科研合作关系。3 年来，共获得实用新型授权 45 项、发明专利授权 6 项、软件著作权 10 项，另有发明专利受理 54 项和实用新型专利受理 40 项；主持完成省级以上工法 4 项；获省级以上自然科学、技术发明、科技进步奖 4 项。设备先进、人员精干的济南一建集团技术中心，已然走在了山东省建筑业的前列。

为有效推动产业链延伸，培育企业新的经济增长点，2020 年 3 月，济南一建注册成立济南一建绿色建筑产业有限公司，布局智能铝模、智能爬架和智能建筑机械产业，建设济南一建绿色建筑产业园。2020 年 12 月 16 日，济南一建绿

济南一建绿色建筑产业园（效果图）

色建筑产业园项目正式开工建设。目前，智能爬架、智能铝模应用面积达 195 万平方米，申请智能建造领域专利 13 项、软件著作权 10 项。以济南一建绿色建筑产业园项目为代表的绿色建筑产业的兴起将进一步促进建筑产业结构调整、技术改造和产业升级，有效发挥产业辐射带动作用，为区域经济社会发展带来新机遇。

为积极推进产学研合作模式，济南一建于 2020 年 10 月与山东大学联合成立了"高端建筑装备产业技术研究院"，入驻山东大学国家大学科技园中心园区，研究院将以国家战略与市场需求为导向，共同开展产学研用全面合作，把研究院

智能墙体开槽机器人概念样机

打造为新旧动能转换的新引擎，重点开展"建筑智能机器人"等关键技术的研究和相关产品的开发。目前，正在开展智能墙体开槽机器人、智能喷涂机器人的研发，产品研发关键技术已通过国

际国内查新，均为自主创新技术，第一代产品已于 2021 年 7 月进入实验阶段。同时研发的"一种双梁重载多用途智能建筑建造平台"已申请国家发明专利。

基于行业发展新趋势，济南一建实践工程总承包模式，逐步构建了以设计、施工等一体化的总承包体系，实现了自身对承包工程整个生命周期的全过程管理。2018 年以来，济南一建连续中标多个 EPC 项目，标志着公司建筑施工主业转型升级取得重大突破。

春风化雨万物新，号角嘹亮马蹄疾。"十四五"新征程已经开启，济南一建也将迎来新的突破和跨越。站在"两个一百年"的历史交汇点和全面建设社会主义现代化国家的发展新起点，济南一建在继往开来的新航程上，劈波斩浪、奋楫争先。

（写于 2021 年）

改革启示：

在近 70 年的发展历程中，济南一建集团始终坚持走做强主业稳步发展之路，注重推广和探索国内外领先技术，突破并掌握了众多高、精、尖的技术成果，形成了企业独特的核心竞争力。坚持以"开工交底，过程控制，强化验收"为手段，实施施工全过程的质量动态管理，同时依托互联网技术，探索将 BIM 打造为质量管理的精细化管控平台，使质量管理达到微观与宏观的统一、过程与结果的统一，确保过硬的工程质量。

自济南一建集团改制以来，始终坚持党建引领，创建党建品牌。秉持"以人为本，开拓创新，客户至上，合作共赢"的企业理念，以创新视角传承品牌深厚积淀，以改革驱动助推企业转型升级。以技术中心的建设为依托，鼓励和引导技术人员开展技术研发，着力打造科研技术学习交流平台，增强企业技术创新能力；高效推进信息化建设，相继建立综合项目管理系统、阳光采购系统、公司财务管理系统、安防监控系统等多项大型管理系统，实现了管理过程的自动化、数字化、网络化、可视化，企业运营效率得到显著提升；有效推动产业链延伸，布局智能铝模、智能爬架和智能建筑机械产业，培育新的经济增长点。

近年来，公司相继荣获全国建筑业先进企业、全国优秀施工企业、全国用户满意施工企业、国家级守合同重信用企业、中国建筑业成长性百强企业等，品牌形象不断提升。

莱商银行：
在奔跑中调整姿态

　　莱商银行是 2005 年 7 月经原中国银监会批准设立的股份制商业银行，2008 年由莱芜市商业银行更名为莱商银行。

　　自成立以来，面对复杂多变的市场形势和自身发展需要，莱商银行主动适应金融改革新环境，以服务实体经济、促进社会发展为目标，通过一系列战略和

莱商银行办公楼

莱商银行主要机构网点分布示意图

机制的转型、产品和服务的创新，着力打造小微企业特色服务品牌，各项业务保持又好又快发展，对经济社会贡献不断加大。

党建引领：塑造国有企业良好形象

作为济南的地方法人金融机构，近年来，莱商银行坚持"围绕发展抓党建，抓好党建促发展"的工作思路，将党的先进性与莱商文化紧紧融合在一起，向党建要力量，通过抓党建凝聚力量促发展。

莱商银行党委书记、董事长岳隆杰为全行员工讲党课

为此，莱商银行党委班子梳理健全了"党委—党总支—党支部"的组织架构，建立了117个基层党组织，把支部建在支行，确保一个支部就是一个战斗堡垒，为党建工作提供了坚实的组织保障。为充分发挥党员先锋模范的带头作用，莱商银行制作了"党员模范岗"标牌，要求全体党员亮出身份，在各项工作中发挥模范先锋作用，激发了党员干部积极作为、勇于担当、争做先锋的激情和力量。

为凝聚发展合力，莱商银行党委以上率下，要求全行员工严守"四条红线"，争当"六个表率"，增强"八种能力"，积极"争做现代文明莱商人"，一项项凝聚人心、统一思想的教育、讨论活动在全行陆续展开；走出去、请进来，从战略管理到目标导向，从考核设计到团队文化，管理人员全部参加管理能力轮训；制订"启航、远航、领航"培养计划，组建了内训师、后备干部和菁英人才队伍，开办"管理人员读书班"，很多人感叹"多年没有的学习劲头又找了回来"。而莱商银行纪委则启动了持续至今的党风廉政和守法合规教育，多次由行领导带队参观廉政教育基地，聘请纪检监察部门领导讲专题党课，集中观看《榜样》《永远在路上》等专题教育片，一系列廉政教育活动的开展使"讲规矩、守纪律，依法合规办事"成为全行员工行为的基本遵循。2021年，莱商银行党委又旗帜鲜明地提出打造"清廉银行"要求，增强全行员工的廉政意识，努力营造风清气正的良好氛围。

疫情期间，莱商银行助力复工复产，政策落实掷地有声，惠企举措实实在在，充分体现了党建引领下的国企担当。

莱商银行党委书记、董事长岳隆杰带队到企业生产车间调研

为搭建政银企协同平台，建立沟通对接机制，切实缓解疫情期间中小微企业的资金难题，在济南市政府先后推出 2 批共 2595 家需求资金企业名单后，莱商银行立即落实有关要求，各分支机构根据市政府提供的资金需求名单，扎实开展对接支持工作，当天便已实现基本存款账户在莱商银行的优先保障企业和在莱商银行有信贷业务的企业 100% 初步对接，并完成 1.41 亿元信贷资金发放。

在落实人民银行关于支持金融机构加大中小微企业资金投放的相关政策上，莱商银行制定了《关于充分运用人民银行支小再贷款专项政策支持小微企业复工复产的实施意见》，明确了支持中小微企业复工复产的"十七条"具体工作举措，并且创新推出专门产品"央行资金复工复产专项贷款"，全力支持中小微企业复工复产。

固本培元：在服务实体经济中实现差异化发展

实体企业、地方经济是金融机构的安身立命之本，为实体经济服务是金融机构的本职和宗旨。近年来，莱商银行坚守"服务实体经济"市场定位，坚持走"本土化、特色化、差异化"道路，通过灵活多样的形式促进银企沟通，在保持自身高质量稳健发展的同时，真正与企业同呼吸、共命运，实现了与企业的同频共振、共同发展。

成立以来，面对同业市场业务迅猛发展、金融新概念层出不穷的形势，莱商银行没有忙于急追猛赶，而是提出要以"做客户放心满意的银行"为愿景，沉下心来思考如何才能把支持实体经济发展这盘棋下好，从而为下一步发展赢得先机。

小银行有小银行的好处，作为城商行，决策链条短的优势是任何大行都无法比拟的。当产品、规模无法脱颖而出的时候，那就比速度、比担当、比落实。

这，就是莱商银行的差异化发展之路。

按照"本土化、特色化、差异化"的发展方向，莱商银行进一步加大了对中小微企业的支持力度，在原有小微信贷管理机构的基础上，又专门成立了普惠金融部，引入同业成熟小微信贷服务技术，扎根当地，精耕细作。同时，在以往因自身体量小就望而却步的各类重点项目、民生工程上，莱商银行频频出手，虽然没有豪气万丈地开出数亿乃至数十亿的授信额度，但每一次支持都围绕企业痛点和堵点，对症下药精准施策当起了"及时雨"。

莱商银行信贷人员上门为企业办理业务

莱商银行充分发挥决策链条短、反应速度快的优势，重点突破，全面开花。他们积极创新担保形式，根据企业资产构成，创新推出"知易贷""人才贷""仓单贷"等业务产品，改善传统以不动产为核心的担保形式，解决企业"担保难题"。

在支持经济转型、精准扶贫方面，莱商银行深入发掘地方特色产业，推行本土化、差异化、特色化金融服务，坚持"立足地方"的市场定位，深挖当地特色产业，制定和出台了一些更具针对性的特色化金融产品，

莱商银行召开银企座谈会

大力支持地方特色产业发展。先后在莱芜推出"花椒贷"、在聊城推出"钢管贷"、在济宁金乡推出"农监贷"，还相继启动了临沂"物流贷"、菏泽和日照"仓单贷"等项目建设，较好支持了当地特色产业项目的发展。

在服务乡村振兴战略方面，岳隆杰表示，作为地方法人银行，服务乡村振兴，既是贯彻国家战略、履行社会责任的重要任务，也是把握农业农村发展新蓝海、推动业务转型升级的重大机遇。莱商银行立足本土、扎根本土，把服务乡村振兴作为经营工作的重中之重，制定了《莱商银行金融服务乡村振兴战略规划》，并新成立乡村振兴金融部，逐渐在人员、机构、考核、资源等方面建立起整套工作方案。不仅通过加快渠道建设、丰富涉农产品、增加信贷投入等方式，主动适应农业农村发展新形势、新要求；更把中小银行决策链条短的优势和乡村振兴结合起来，努力探索信息、技术、电商、创业等共建模式，真正把本土化作业、特色化融合和差异化服务作为发展方向，推动金融服务乡村振兴向纵深开展。

多年来，莱商银行以真诚的付出、优质的服务，赢得了"能干事、干实事、能成事"的良好口碑。在许多地方，"有困难找莱商"已经逐渐成为政府、企业和创业者的第一选择。

激浊扬清：衍生高质量发展的内在动力

罗马不是一天建成的，莱商银行的战斗力和执行力也不是一日之功。身为城商行，莱商银行在市场的大风大浪中频现改革亮点。

2008年，莱商银行在经济寒冬中逆势飞扬，迈出了跨区域经营的第一步，设立了第一家异地机构——菏泽分行，开业当年存款就突破8亿元，这在当时当地的金融市场掀起了强劲的冲击波。在此之后，莱商银行又先后在徐州、济宁、临沂等地市设立多家分支机构，逐步成长为一家区域性品牌银行。

2015年6月，岳隆杰正式履新莱商银行党委书记、董事长。彼时，莱商银行的发展正面临着一系列的问题：发展方向不清晰、不良贷款防控形势严峻、管理人员断档、内部缺乏活力……

困难和问题靠什么来解决？靠经济快速增长、靠市场形势方向性的转变都不现实，最终还得靠自己、靠队伍、靠文化、靠发展。

在深入调研、摸清情况之后，莱商银行提出了"高质量发展是解决一切问题关键"的理念，并确定了"五年再造一个莱商，进入山东城商行第二梯队前列，对标达到上市银行条件"的目标。围绕这一目标，莱商银行开始实施"一中心、两坚持、三提升、四加强"的战略，即以高质量稳健发展为中心，坚持"本土化、特色化、差异化"的转型发展方向和"服务当地经济、服务中小企业、服务城乡居民"的市场定位，着力提升业务创新能力、风险管控水平和企业品牌形象，加强战略管理、资本管理、全面风险管理和人才管理。同时，对莱商银行分布于济南、菏泽、徐州等地的100多家分支机构充分授权，要求它们立足当地、扎根当地、服务当地，在推动当地经济发展的过程中，抢抓机遇，走特色化、差异化发展之路。

从此，莱商银行拉开了凤凰涅槃、浴火重生的序幕。

抓队伍，增活力，一系列管理机制的改革充分激发了莱商银行发展、改革、转型的内生动力。

目标、路径确定之后，人是决定性因素。

2016年以来，莱商银行顺利完成董事会换届工作，并按照市委提名以及相关程序聘任了行长及其他高管人员，4名具有丰富基层经营和银行管理经验的年轻同志充实到了高管团队，为莱商银行的发展注入了一股新鲜动力。同时，莱商银行党委在全面考察、评定工作业绩的基础上，对菏泽、临沂等地多个支行行长进行了提拔重用，力度之大前所未有，全行上下都看准了"有为就有位"的用人导向，一度暮气沉沉的员工队伍，开始逐渐恢复生机活力。

这只是用人机制调整上的第一步。

此后，为了加强对各分支机构的管理，莱商银行又开展了对营业部、各分行的架构改革，不仅把一大批年轻员工充实到了管理岗位上，更让纵向的条线化管理更加突出、横向的协调配合更加顺畅高效，让全行重新焕发出了勃勃生机。

这仍然不是结束，2017年初，莱商银行又开始了新一轮自上而下的人事改革。总行原有的19个部室合并调整为15个，部室管理人员全部重新上岗，全员参与双向选择，如此一来，淘汰了冗员，激发了活力，实现了人尽其才、地尽其利，总行部室人员年轻化、知识化、专业化程度得到进一步提升。

有了业绩就有施展才华的舞台,落到后面就可能在竞争中被淘汰。一番改革调整落地以后,团队士气提了起来,干事创业、开拓进取的积极性被调动了起来,人人想发展、一心谋发展,形成了"比干比强比担当、创业创新创一流"的浓厚氛围。

守正创新:构建线上线下协同发展模式

稳定的业绩不仅来源于市场竞争中的自身改革,更得益于思维的创新和转变。

在市场竞争日益激烈、互联网金融迅猛发展、科技创新力度不断加强的金融环境下,为拓展思路、迎势发展,2019年以来,莱商银行先后新设立数字银行部、软件研发部,启动"敏捷组织建设年",成立"创新实验室",努力激发全员创新活力,探索数字化思维驱动发展。同时,莱商银行有效借鉴金融科技力量,运用大数据、区块链等金融科技技术,加快推进网贷平台建设进程,提升零售业务贡献度;不断丰富业务营销与服务手段,通过上线智能外呼机器人,降低经营成本,提高工作效率;加快数据分析平台建设,逐步提升数据治理和服务能力,提高数据应用价值;上线"蜂蜂贷""莱e贷""鹿小跳"等系列特色创新产品,不断拓展产品场景,加快推动创新产品落地,提升创新产品落地效果,提升了客户体验。

为持续学习借鉴先进同业及科技金融机构的创新理念和创新产品,莱商银行积极主动地探索创新途径,持续加强经验积累和人才培养,努力形成具有莱商特色、具备核心竞争力的创新产品体系。开发上线"对公信贷科技赋能项目",将30类外部大数据通过加工整理,运用于整个信贷业务作业流程,有效解决了获客、贷前调查、贷后预警等单一环节工作效率不高的问题。完善自主风控模型,加强平台业务风险管控,稳步推进金融科技与传统业务的融合,多渠道满足信贷出账要求和客户投资需求。

实干风劲吹,金色春满园。

下一步,莱商银行将在市委、市政府的领导下,抓住山东新旧动能转换综合试验区建设、中国(山东)自贸试验区济南片区建设等重大历史机遇,围绕"五年战略"目标,以实现高质量稳健发展作为工作的出发点和落脚点,以服务地方经济转调升级和新旧动能转换为工作重心，着力打造客户放心满意的敏捷银行、普惠银行、快乐银行、清廉银行、价值银行，助力地方经济社会发展再创新业绩、再上新台阶、再造新辉煌。

（写于 2021 年）

改革启示：

近年来，莱商银行瞄准同业最佳实践和行业标杆，大力实施体制机制改革，聚合力、增活力、强动力，为高质量稳健发展奠定了坚实的基础。

坚持党建统领，坚定不移地提高政治站位。作为市管国有企业，莱商银行以"围绕发展抓党建，抓好党建促发展"作为党建基本方针，把党的领导和党的建设内嵌到公司治理、战略发展、改革转型、经营管理和企业文化建设的全过程，确保业务发展到哪里党组织就建设到哪里，推动党建真正成为莱商银行事业发展的"根"和"魂"。

夯实发展根基，坚定不移地坚持高质量发展。近年来，不管是业务发展，还是风险化解，不管是监管要求落实，还是复杂问题应对，不管是"不良资产三年攻坚"，还是"五年再造""五年战略"的推进实施，莱商银行始终坚持用高质量发展的眼光看问题，用发展的思维解决问题。

提升服务质效，坚定不移地支持实体经济。莱商银行紧扣服务地方经济社会发展大局，围绕建设"强省会"战略目标和省市一体化发展重大机遇，加强重点产业集群、重点产业项目、重点基础设施的项目对接，高效利用各类支持政策，支持实体经济高质量发展。

充分激发活力，坚定不移地推进创新转型。莱商银行充分发挥决策链条短的优势，先后设立了创新发展部、数字银行部、软件研发部等部门，建立容错纠错、及时奖励等体制机制，启动"敏捷组织建设年"，先后推出"蜂蜂贷""莱e贷""诚易贷""税易贷""智慧供应链服务平台"等创新产品，不仅形成了具有莱商特色、具备核心竞争力的创新产品体系，更开拓了创新思路，锻炼了创新队伍，增强了高质量稳健发展的内生动力。

元首集团：
聚焦"三业并举"，涅槃归来风华正茂

传统企业如何顺应新旧动能转换的大势，催生新的生命力？在市场风云变幻的当下，身处纺织产业链63年的老企业，济南元首集团始终与时代脉搏同频跳跃。

济南纺织行业的鼎盛时期，棉纺曾排到第14厂，直到20世纪90年代中期，在工业结构调整和技术创新变革的大潮中，济南棉纺行业整体急速衰落。作为目前全市为数不多的国有老纺织企业之一，元首集团的成长道路可谓是一波三折。

从早年的单一型制造业，到向"科技＋时尚"转型，直至开辟出新产业"蓝海"，实现纱线、面料、服装"三业并举"。元首集团数次走到"生死存亡"的关口，之所以能最终成功突围，历经市场考验屹立不倒，不仅仅是凭借"诚实诚信、精益求精"的经营理念、完善的产业布局、先进的制造装备以及优良的产品服务那样简单。

多年来，元首集团始终把中央决策部署作为企业改革发展的根本遵循和行动指南，强化党建引领作用，坚决落实好济南市委、市政府和市国资委的各项要求，创新体制机制，激发发展活力，确保集团始终沿着正确的方向，持续做强做优做大国有资本。

63年风风雨雨中成长，支持元首集团从无到有、从有到新走下来的，是一种坚守的力量。这种力量，不只是数代"元首人"日复一日地扎根实干，更是整个企业坚定走好转型发展之路的最初本心。如今它孕育着元首集团新的"蝶变"希望，上演着济南更大更美的"纺织梦"。

主攻针织：几经波折"化茧成蝶"

北园大街601号在老济南人眼中，是个熟悉且有情怀的地方。在这片土地上诞生的济南针织厂，也是老一辈们念念不忘的城市名片。

1958年，济南针织厂在这里创建成立。1994年，作为济南市30家改制企业之一，济南针织厂改制为济南元首针织股份有限公司，并于1995年3月正式挂牌成立。

20世纪60年代济南针织厂的大门

1年后，以济南元首针织股份有限公司为龙头，济南诚通纺织有限责任公司、济南诚达毛巾有限公司、济南诚益机械有限公司和济南第七棉纺织厂4家企业国有资本划转组建，正式成立了济南元首针纺集团有限公司。但

1998年，华诚集团兼并元首集团签约仪式

就在刚刚组建后的1998年，按照企业兼并联合政策，元首集团整体被划归到中国华诚集团，成为央企子公司，集团也更名为济南华诚元首集团有限公司。

此后的10年中，在市场经济大潮的冲击下，济南纺织服装产业的风光不再，数十个棉纺织厂、印染厂、毛纺厂等大部分处于破产或停产状态。集团所属诚通纺织、诚达毛巾、诚益机械和七棉4家企业，也由于长期处于亏损状态，生产资金得不到补充，生产发展逐步陷入困境。

与之形成鲜明对比的，是持续盈利的济南元首针织股份有限公司。不仅没有出现过一次年度亏损，其产值和利税竟增长了接近3倍，产能规模和产品质量也得到飞速提升。

元首集团：聚焦"三业并举"，涅槃归来风华正茂美丽蜕变的背后都有一段残酷的磨炼。事实上，当济南针织厂正式改制为济南元首针织股份有限公司时，企业就走上改革之路，逐步建立起"以主业为主、多路并进"的协调发展布局，实施"大三角"战略，即做强补贸、做大内贸、做活商贸，并在企业内部实施管理改革，由原来的工厂制改为事业部制。

元首针织与日本郡是公司的合作始于1981年，在济南市委、市政府的指导支持下，双方本着"中日友好、互惠平等、技术交流、合作现代化"的精神，于当年3月在日本大阪签署了补偿贸易协议。此后的30多年间，双方从合作之初的22台小园机、54台缝纫机起步，发展到2个加工基地、3个合资合作公司的集团化规模，内衣年产量最高达到5000万件，丝袜年产量最高达到2500万双。

2000年，元首针织实施事业部管理体制，形成了以补偿贸易、自营出口、国内销售3个以市场为导向的、独立运作的、产供销于一体的事业部体制。

作为集织造、染整、缝制为一体的全能型纺织企业，元首针织早已成为中国针织行业生产和出口骨干厂家，几经波折"化茧成蝶"的背后，是企业依靠自身内部改革，不断加快调整产品结构，尽最大限度与市场接轨的必经成长之路。

坐落于北园大街601号的元首针织老厂区大门

元首针织老厂区的成衣车间

崛起纺织："全产业格局"初见成效

2008年，济南元首集团被整体移交至济南市国资委，重新恢复属地管理状态。之后，借助中央财政补助资金，集团对所属诚通纺织、诚达毛巾、诚益机械和七棉等4家企业实施了政策性破产，仅保留集团公司、元首针织存续经营。

彼时的元首集团，面临的竞争形势正在发生巨大变化，已经由单纯产品竞争转变为产业链的竞争。这个瓶颈，一直到平阴10万纱锭棉纺项目规划启动建设才被打破。

2012 年 5 月 31 日，济南元首纺织有限责任公司在平阴县市场监督管理局登记成立。紧接着，集团利用破产企业资产的变现资金，在平阴县安城镇工业园区内启动了 10 万纱锭的棉纺基地建

位于平阴安城镇工业园区的元首纺织公司

设，计划总投资 4.96 亿元，共分两期建设。2014 年 12 月，集团 10 万纱锭棉纺配套项目一期 5 万纱锭在平阴县工业园正式开工投产。元首纺织与元首针织形成一条完整的产业链条，帮助集团形成了从原棉、纺纱到编织、印染、成衣、销售为一体的全产业链格局。

对于元首集团来说，这个项目是其实施产业重组的重要成果，淘汰了所属 4 家产能落后的企业，合理安置补偿了老企业员工，并将资产变现的资金投入新项目中，成功实现了传统产业的转型升级，探索出了一条独具集团特色的、老国企改革重组的操作运行模式。

在随后的时间里，元首集团提出了"三大聚焦"发展战略构想：聚焦产业链布局，争取在 3 年内完成平阴 10 万纱锭的棉纺项目建设，提供质量好、成本低的针织用纱，同时自主开发新型纱线、高档纱线；聚焦"退城进园"布局，将元首针织整体搬迁至济阳工业园区，形成优势突出、竞争力强、辐射范围广的新型园区企业；聚焦国内市场竞争布局，加强国内销售机制的投入创新，特别是在开发设计、工艺配套、体制创新和市场开拓等方面进行再造。

2014 年是战略实施的第一年，除了元首纺织建成投产外，集团在内销市场拓展方面

搬迁至济阳的元首针织公司

也做了很多改革。一方面，是将市场区域触角延伸到东北和西北市场，通过大型商超进行推广。另一方面，是从2013年6月开始成立电商部门，通过电子商务加大产品的销售，形成线上、线下共同发展态势。同时在产品方面，集团加大了化纤、混纺面料的开发，不断提高产品的功能性和附加值，通过中高端产品来提升产品的档次，满足不同客户群体的需求。

元首集团在逐步做大做强，济南纺织服装产业雄风的再现也指日可待。

一体两翼：元首"制造"变"智造"

2020年，对于元首集团来说是收获的一年。

这一年，在一期5万纱锭的基础上，集团又对气流纺生产线进行扩张，总体达到折合纱锭7.5万锭，年产棉纱7000余吨。与此同时，元首针织在10月底整体搬迁进入济阳针织工业园，经过产业调整和设备更新，达到了年产3000万件服装、12000吨面料的能力。

至此，元首集团所属企业全部实现了园区运营，通过产业链延伸和"退城进园"，成功建立了纱线、面料、服装等三大核心产业彼此依存而又独立面向市场的现代化产业体系，使得产品和服务领域得到延伸，从而开辟了新的产业"蓝海"。

此外，这一年济南市提出了加快建设"工业强市"，提升工业经济在全市的支柱地位和辐射带动作用。从目前元首集团的发展情况来看，近几年来的转型升级，恰恰也正是聚焦"智造济南"，提升制造业高质量发展的重要举措。

所谓"不破不立，大破大立"，在平阴和济阳落户的两大工业园区，正是集团近年来构建"一体两翼"发展格局最有力的"左膀右臂"。

如今在平阴的元首纺织，现有7.5万纱锭，万锭用工在45人左右，从开松、清花、多仓、梳棉、预并、条并卷，一直到精梳、粗纱、细纱等工序，全部实现了设备自动化和连续化。异纤检测、集体落纱、自动络筒等也极大提高了生产效率和产品质量。二期3万纱锭目前正在进行设备引进，采用紧密卡摩纺技术，通过清梳联、粗细联、细络联、自动打包机等成套智能纺纱设备，实施纺纱全流程数字化监控和智能化管理，将实现万锭用工在25人左右，达到国际先进制造水平。

元首纺织的细纱设备

元首针织的漂染车间

在济阳的元首针织，搬迁后仅新增设备投资就超过1亿元。重点打造以染化料、助剂自动输送系统为核心的印染控制管理系统，实现在线采集、智能化配色及工艺自动管理、染化料中央配送、半成品快速检测等。从过去单一装备的数控化向整个车间的智能化转变。

除此之外，围绕服装的研发、设计和生产，元首集团也正在探索和引进自动化缝制单元、智能吊挂系统、柔性整烫系统，并建立整个生产流程的ERP管理系统，加快工业互联网和5G网络的应用，提高运转效率。

传统行业的改变，本身就是新旧动能转换。

全面引入自动化、信息化、智能化制造装备，提升生产能力和科研水平，一系列举措有力地改变了集团过去陈旧落后的面貌，也意味着在推动纺织业华丽"蝶变"中，元首集团再次迈出了坚实一步。

品牌沉淀："好质量"成就"纺织梦"

今天的元首集团，不再是一个传统意义上的纺织产业，它正展现出一种向上的生长力，对外诠释济南纺织的新理念、新形象。

2021年，集团"十四五"发展战略规划明确提出，要打造国内领先、国际知名的差异化纤维生产基地、高档面料研发创新平台和针织服装优秀制造商和品牌运营商，成为济南纺织服装高质

元首集团培养了众多技术能手

量发展的引领者和开拓者。

一直以来，元首集团所有升级改造最终的落脚点，都在于满足大众对于穿衣的更高要求。

针织内衣是元首集团的品牌基础。元首集团早期创业有短裤背心、秋衣秋裤，如今借助科技发展推出了远红外、吸湿速干、抗菌除臭、防过敏、随型裁等功能面料，以及无甲醛、无荧光的童装、婴幼儿服装和卫衣、家居服、运动服等品类。并且，元首集团从 1985 年荣获全行业第一块国家质量金奖，到连续 21 年保持 ISO9001、ISO14001、OHSAS18001 国际质量、环境、职业健康安全标准认证。

在新成立的元首纺织，生产所需的原料 90% 以上选自优质新疆棉，梳棉、棉条等前纺的半成品 2 小时检测一次，后纺更是要在 24 小时内将所有细纱机检测一遍。到成品包装环节，每个筒纱的重量、回潮等指标逐件检测，每个纱管上都详细标注了棉花批次、生产班次、所属机台、生产人员等信息，实现整个体系的可追溯管理。

足以见得，质量始终是元首集团的核心追求，并且生生不息。

从针织服装"一枝独秀"到纱线、面料、服装"三业并举"，如今改革化、智能化、品牌化，都为元首集团赢得了更大更广的发展空间。根据规划，元首集团将在产业协同、匠心智造的基础上，持续打造两个品牌：一个是以产业链为基础的制造品牌，依托棉纱、面料到服装的全产业、全流程，让生产制造也成为一种品牌；另一个是服装自主品牌，围绕"科技、时尚、绿色"的发展定位，通过产品研发和迭代升级，向供应链、价值链高端迈进。

市场风云变幻的当下，身处现代纺织产业链上的企业，创新早已成共识。对于集团来说，必须站上制高点，才能在变局中开启新局。

未来，元首集团将坚定走好转型发展之路，以提高发展质量和效益为根本，打好园区建设、品牌升级、资源整合三大攻坚战，强化人才、技术、资金三大支撑，推进党建、制度、人才队伍、企业文化四项建设，实现规模做大、资产做优、主业做强、品牌做响，为济南加快建设新时代现代化强省会战略凝聚更多的发展力量。

（写于 2021 年）

改革启示：

衰落后蜕变重生，鼎盛期寻求创新，梳理元首集团63年的发展路，可谓是将改革勾画得淋漓尽致。

纺织服装是传统产业，也是高度市场化的产业，集团之所以能从一家只有十几台设备、产业单一的针织小作坊，发展成为拥有棉纺、针织面料和针织服装三大产业，且集研发、设计、制造、销售于一体的综合性纺织服装科技集团，有五大关键因素左右其发展走向。

其一，坚持"诚实诚信、精益求精"的核心理念，守好初心和匠心。其二，紧跟产业政策和行业导向，立足主业谋发展，持续增强经营能力。其三，注重技术创新与产品研发，加快转型升级，主动迎合市场需求。其四，坚持对外开放，深化合作交流，推动共同发展。其五，注重高素质人才队伍建设，凝聚发展的智慧和力量。

综合来讲，是坚守本心、稳固主业、科技驱动、开放共享和人才赋能。五大要素同频共振、缺一不可，这才保障元首集团在纺织行业的大浪淘沙中，成为济南纺织战线上的一枚金子，至今仍熠熠生辉。

特别是近2年，集团通过园区搬迁，聚焦"产业协同、智能制造、研发创新、品牌升级"四大攻坚行动，新旧动能转换飞速发展，发展活力和质量显著提升，凭借完善的产业布局、先进的制造装备、优良的产品服务和稳健的市场体系，不断获得全球客户和消费者的信赖。

传统产业"老树开新花"，如今元首集团围绕"专业化、品牌化、高端化"的总体定位，将目标对准了"打造国内领先、国际知名的差异化纱线生产基地、高档面料研发平台、针织服装纵向一体化制造商和品牌运营商"，向着行业高质量发展的引领者和开拓者进军。

一场聚光灯下，新一轮的纺织版"速度与激情"正在上演。

公交集团：
"车轮"丈量城市发展，73年一路繁花开

　　像密密麻麻的毛细血管一样，截至2020年底，公交线路总长度5381.4公里，线网长度1651.7公里，足有5399个站点的公交线路遍布济南各个角落。从一个站牌上车，再从另一个站牌下车，正常情况下5600余辆公交车日均运送乘客可达到200万人次。

　　纵观济南公交的发展，经历了从无到有、从少到多的过程。从1948年开始，公交车这个概念才真正意义上走进了济南人的生活。作为城市最基础的交通工具，

2020年1月，济南公共交通集团有限公司正式挂牌成立

历经 73 年时代变迁，济南公交就像一个城市的记录者，用"车轮"丈量着不断拓展的城区。

车型的变化、线路的优化、支付方式的多样化……济南公交不断经历成长与蜕变，也用自身换代升级见证着城市的更新迭变。如今"优质、平安、绿色、文明、智慧、人文"的公共交通服务体系，使得济南公交成为省会城市正常运转强有力的保障和引领，以及城乡群众出行最重大的民生工程。济南公交集团的"星级服务、星级管理"、智能调度系统建设、标准化建设和企业文化建设等方面也纷纷走在了全国公交行业前列。

从昨天开往今天，从今天驶向明天，滚滚车轮印出时代巨变，济南公交这道流动的城市风景线也将一路繁花，继续点亮城市的每条路。

时代记忆："蛤蟆车"让济南公交迈出一大步

1948 年 9 月，济南市解放，老一辈公交人利用军管会缴获的国民党政府机关班车，开通了经二路公交线路。在此基础上，华东运输公司济南分公司市内客运营业所得以组建，标志着济南国有公交的初创。1953 年，济南市公共汽车公司成立，国产客车正式在济南客运行业投入运营，并逐步开辟了济泺路、文化路等多条营运线路。

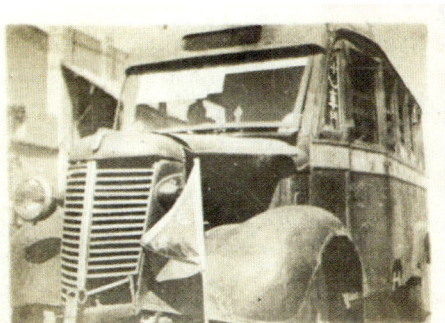

1948 年，济南解放时缴获的国民党政府的"金刚车"

这种能灵活穿梭在街道上的交通工具，一经出现就备受济南人的追捧。在往后的岁月里，它的触角逐渐扩张蔓延，伸向济南的各个城市角落。

1960 年，国家出现暂时经济困难，为解决油料紧张难题，济南公共汽车公司与市匡山肥料厂联合自行改装研制成功了以沼气为燃料的公共汽车。车顶的袋子里充满沼气，用一根管子连接到发动机上，就能驱动着公交车行驶运行。

四四方方的车身，车顶驮着一个黑色的大胶皮袋子，当整辆车慢吞吞跑起来时，胶皮袋子就会像蛤蟆的肚子一样一鼓一鼓。这辆造型有些滑稽的沼气车，在当时还有一个别致的名字——"蛤蟆车"。

凭借造型独特的外观与节省燃油的优点，沼气车很快就在1960年珍珠泉宾馆里举办的山东省技术革新展上得到参展机会，并吸引来一位重要人物，他就是毛泽东主席。

1960年，济南公共汽车公司试制的沼气车，在珍珠泉宾馆参加山东省技术革新展

济南公共交通集团有限公司离休干部孟广文回忆，当时他作为沼气车的驾驶员，见到毛主席后很是激动。待毛主席亲自登上车内坐下后，孟广文还开着这辆沼气车在珍珠泉宾馆大院里头转了转。可以说，毛主席的乘坐，给予这个新改造的沼气公交车很大的鼓励，这也是济南公交向前迈出一大步的重要标志。

1977年1月1日，济南市第一条无轨电车线路电车1路（今101路的前身）建成通车，当时该线路由市第五人民医院至甸柳庄，全长13.5公里，意味着济南公交的交通运输力再次有了实质性提升。

1977年元月，济南开通首条电车线路

这款拖着"大辫子"的无轨公交车，一度受到了济南市民的热烈欢迎，也记录着几代人的公交出行梦。当时代的历史车轮滚滚来到1992年，为整合公交资源，济南市公共交通总公司由市公共汽车公司、市电车公司、市客车出租公司3家公司正式组合成立。从此，

1992年9月30日，济南市公共交通总公司成立

124

济南公交进入蓬勃发展的新时期。

1994年，为进一步降低城市公交的运营成本，提高劳动生产效率，济南公交在原33路线上试行无人售票；1996年5月，济南市区公交线全部实现了无人售票；1997年，第一条豪华空调公交线路K50路开通，"K"系列服务产品大大提升了泉城市民的乘车体验，自此开启了泉城公交的空调化时代。

济南公交星级线路

星级服务："挂星上岗"打造品质公交

2004年，我国提出优先发展城市公共交通的战略，济南公交紧紧抓住发展机遇，不断加大改革发展的力度，服务领域向东西两翼拓展，以满足市民多元化的出行需求。

这一年，济南公交成为全国同行业首个"吃螃蟹"者，试行"星级管理、星级服务"制度，从驾乘人员和公交线路分别实行5个等级的星级服务评价和管理，按照驾乘人员服务质量评定星级，星级与驾乘人员工资收入直接挂钩。

每日，清晨的阳光刚刚露出点点光亮，一辆辆公交车早已奔波于济南的各个区域之间，车头醒目的红色电子标更是"唤醒"整个城市一天的忙碌。细心观察，就会发现每一名公交驾驶员身上都有一处小细节：一份袖标戴在驾驶员的右臂，并且都会把自己星级的一面朝向乘客上车的方向。

济南公交驾驶员张贴微笑服务标志

这种"敢于亮星"的态度，正是济南公交"心系乘客 服务一流"的为民初心。此举充分提高了企业规范化管理水平，也促使一线驾驶员的服务意识、服务能力均有了大幅提升。"星级管理"制度作为济南公交创新管理的成功案例，更是在2010年被评为"国家级企业管理现代化创新成果二等奖"。

服务态度沉淀了"公交品质"，对于很多济南人来说，公交车已经不仅仅是一种普通的出行工具，它跟泉水一样，早已和自身成长、济南发展融为一体。

BRT 一号线试运行

2008 年，济南公交再遇重大"蝶变"，成为美国休利特基金会、派克德基金会与美国能源基金会 3 个国际基金会联合授予的首个"中国 BRT 推广项目示范合作城市"。2008 年 4 月 22 日，首辆 18 米双开门巨无霸 BRT 公交车缓缓驶入北园大街黄岗东 BRT 站台，标志着济南第一条 BRT 线路顺利开通试运行。

凭借独立成网、免费换乘、超大容量、快速运行等一系列优势，济南公交迅速将快速公交 BRT 系统打造成了特有的"泉城样板"。目前，济南公交运营的 BRT 线路已达到 13 条，济南城区形成了由北园大街、历山路、经十路、纬十二路组成的 BRT 线网"内环"和由北园大街—工业北路、二环西路、二环东路以及二环南路组成的 BRT 线网"外环"，构建起"四横五纵"的 BRT 网络，让济南成为国内首个 BRT 系统网络化运营的城市。

2009 年，济南公交以迎办全运会为契机，不断提升车辆装备水平，推进绿色公交建设，在深化"星级管理、星级服务"基础上，开创性推出"微笑服务"，全面提升公交服务能力，展示了泉城济南热情好客的良好形象。

2009 年，全运会在济南隆重开幕，济南公交 6000 余名驾驶员庄严宣誓

全运会开幕式当晚，济南公交出动 1300 部车辆疏散开幕式观众，创造了在没有轨道交通支持的情况下，45 分钟内疏散 3.8 万观众的新纪录。

2012 年 10 月，济南市被列为国家公交都市建设示范工程首批 15 个创建城市之一。济南公交按照市委、市政府和主管部门的工作要求，积极推进公交供给侧结构性改革，快速推进公交线网规划，持续拓展公交服务领域，大力推广使用清洁能源公交车辆，全力打造"世界眼光、国际标准、泉城特色、以人为本"的公交都市。至此，济南公交事业正式驶上了高质量发展的快车道。

多元满足：圆了不同需求的"公交梦"

克服道路连续陡坡、宽度不足等重重困难，2016 年以来，公交集团根据"一村一方案"，将"专线"开至每一个偏远的村里。作为山区和市区的交通纽带，"扶贫公交"开到田间地头，打通了农村群众出行最后一公里，让乡村血脉通起来，加速了城乡一体化发展。

从最初的搭载运输功能，到现在更加注重优质温馨和民生实用，逐步升级起来的济南公交集团，随着时代的发展，又将目标对准了安全环保的"绿色出行"。

2017 年以来，在济南市委、市政府的大力支持下，集团大力推进节能与新能源公交车使用，加快推进中心城区公交车辆电动化更新；新购氢燃料公交车，扩大氢燃料电池公交车的示范应用；优化车辆技术选型，采购双源无轨电车。截至 2020 年底，企业拥有公交车 5619 辆，其中，新能源公交车 3818 辆（混合动力车 2316 辆、纯电动车 1336 辆、双源无轨电车 126 辆、氢燃料公交车 40 辆），清洁能源公交车 1215 辆，绿色公交车合计 5033 辆，占总车数的 90%，企业的能

济南公交氢能源车辆

济南公交积极引进节能与新能源车辆

公交集团："车轮"丈量城市发展，73 年一路繁花开

127

源及车辆结构进一步优化。

不止如此，济南公交还开通了全市首条氢燃料电池公交线路，在全国首创"氢能源＋5G＋物联网"运行新模式，节能与新能源车辆占比约90%。同时，公司建立了"技术管理质量评价"等制度，成为国内首家通过ISO50001标准能源管理体系认证的公交企业，并跻身全国首批8个"节约之星"之列。

"绿色公交"的运行，一步一步引领促进着济南资源节约、环境友好、环保低碳、可持续发展交通格局和出行方式的形成，推动着城市交通行业转型升级。

夜间特色专线让济南公交再升级

2018年，独具特色的"定制公交"在济南诞生。依据大数据分析技术，针对市内通勤、寄宿学校、大学城、大型社会活动、节假日、文旅出行、商务出行等不同需求细分市场，济南公交探索出通勤拼团专线、团体定制专线、书香勤学专线、夜间"星"系专线、休闲娱乐专线、商务动态专线、泉城文旅专线等系列专线，实现了由"端菜式"服务向"点菜式"服务的转变，打造了全国定制公交"济南模式"。

2019年，随着济南市入选"夜间经济十佳城市"，11月22日24:00，首条24小时运行线路——K101路线在济南正式运行，实现公交夜间服务再升级。这是济南公交在构建27条"零点公交"线网的基础上，首次推出24小时运行线路，实现了大观园、全福立交桥、纬十二路与经十路、无影山中路与黄岗路、燕山立交桥5个重要节点的无缝衔接。济南也成为北方城市中首个构

调度人员使用智能调度系统进行车辆调度

建"零点公交网"的城市。

足以见得，无论是"扶贫公交""绿色公交"，还是"定制公交"与"零点公交"，践行"城市发展到哪里，公交服务就辐射到哪里；道路修到哪里，公交线路就通到哪里；小区建到哪里，公交车就开到哪里"的承诺，济南公交不断用个性化、特色化服务回应着市民乘客多元化出行需求，为济南编织着四通八达的"公交出行网"。

智慧泉城："一站式"打造顺畅出行路

顺应着时代的脚步，如今济南市的公交候车亭有了质的突破：带靠背的木质座椅、公交标志灯箱，以及带有来车预报功能的公交电子站牌……这是济南公交为进一步加大"智慧公交"建设，积极加强构建的"一体式智能化"站务服务。新式站牌采用了全彩 LED 点阵屏，信息显示更加清晰醒目，车辆动态位置采集频率更高，来车预报更加准确，也更加节能省电，更为环保低碳。

事实上，济南公交集团一直在积极开展"智慧公交"助力"智慧泉城"的深刻实践。

从使用 IC 刷卡乘车开始，济南公交先后推出智能车载 LED 显示屏、GPS智能调度、3G 视频监控，新一代智能调度云平台实现了"智能排班"，有效提高了公交车辆的利用率，也显著提升了公交企业的管理效能和服务水平。

2016 年 9 月，为顺应互联网信息时代对城市公交发展的新要求，济南公交集团推出 369 出行 APP，用户可实时查询车辆运行轨迹，根据车辆信息合理规划出行时间；2018 年，移动支付在济南公交 6000 余部公交车辆上实现全覆盖，标志着济南市民乘坐公交开启移动支付新时代；2019 年，济南正式加入了公交一卡通互联互通城市，济南市民拿着泉城通公交卡可去全国 300 多个城市坐公交，大大方便了市民的出行，也让出行更时尚、更智慧、更快捷。

可以说，凭借"智慧公交"的创新性、先进性和实践性，济南公交全面提升着城市公共交通的运行效率，为群众提供精准的一站式出行服务。

一个城市的发展，离不开便捷的市内交通支撑。70 多年的公交变迁，济南是在车轮不断转动下发展至今的。连接着城市的东西南北各个角落，承载着这个城市特有的风土人情，济南公交发生了翻天覆地的变化，也为城市功能的正常运转提供着基础支撑。

2020年1月，济南公共交通集团有限公司正式挂牌成立，标志着企业实现了由全民所有制企业向国有独资有限责任公司的转变。从此，集团开启了产权清晰、权责明确、政企分开、管理科学的现代企业制度新征程。

济南公交集团的发展，离不开党建工作的引领。"坚持党对国有企业的领导是重大政治原则，必须一以贯之；建立现代企业制度是国有企业改革的方向，也必须一以贯之。"济南公交集团党委坚持以"两个一以贯之"深入推进党的领导与企业治理有机融合，坚持"国企姓党"，明确政治导向，同时加快建设与高质量发展相适应的国有企业现代化治理体系和治理能力。

截至2020年底，济南公交集团拥有员工13211人，公交车5130辆，常规公交线路343条、定制公交线路820条、线路总长度5381.4公里、线网长度1651.7公里、公交站点5399个、港湾式停靠站点382处，日均运送乘客200万人次……一串串数据的叠加，足以显示公交集团发展速度之迅猛、服务理念之升级，创新变革之巨大。

透过斑驳的历史光影，回眸久远的尘封记忆，济南公交与这座城市的时代故事还在上演。它串联着济南的发展脉络，牵引着济南的发展方向，也不禁让人们畅想和期待着未来出行的更多美好可能。

（写于2021年）

改革启示：

济南公共交通行业飞速"蝶变"的背后，既是公交集团"以人为本"城市理念的践行，也是坚持将"惠民公交"作为一切工作出发点和落脚点的初心写照。

对历史的最好纪念，就是不断创造新的历史。

作为市属国有一级公益性企业，济南公交发展至今已有73年的历史。从改革之初摸着石头过河，到逐渐形成一系列有益探索，背后是集团多年来不断坚持"拓展公交行驶线网、扩大公交服务领域、提升公交服务水平"三大创新之举。

以人民为中心，精细管理提升品质。济南公交按照"增覆盖、降重复、便接驳、提运速"的12字方针，大力优化公交线网，形成了常规公交、快速公交、通勤巴士、旅游公交、社区公交、扶贫公交、准点公交、夜公交、24小时公交等全方位、立体式的公交服务体系，满足市民多元化出行需求。

以党建为引领，作为国有企业，坚持党的领导，是一切工作的前提。济南公交始终把全面从严治党主体责任扛在肩上、抓在手里、落在实处，通过创建一流的党建品牌，充分发挥党支部战斗堡垒和党员先锋模范作用，以改革创新、自我革命的精神，以担当作为、干事创业的激情，凝心聚力，奋发图强，努力开创公交高质量发展的新局面。

以时代为导向，创新驱动激发活力。济南公交是全国首个全面实现无人售票的公交企业，也是在同行业中首推"星级管理、星级服务"制度，更是北方城市中首个构建"零点公交网"的城市公交。此外，定制公交、智能调度系统、标准化建设等方面也均走在全国同行业前列，并正沿着公益性企业市场化运作、智慧化运营、品质化服务、现代化管理阔步前行。

以文化为根基，熔铸精神引航前进。济南公交高度重视企业文化建设，形成了以"微笑服务""公交论语""公交榜样·温暖泉城"等为主要内容的济南公交品牌文化体系，为济南这座城的大街小巷点亮流动的文明之光。

洒一路汗水，留一路华章。一方面以创新引领发展，一方面以改革释放活力，济南公交集团的转型升级永远在路上，奔着正确的方向不间断行驶，为济南发展凝聚着最澎湃的城市力量。

济南国润：
改革赋能扬帆起航

2021年上半年，济南国润资产运营管理有限公司交出了一份耀眼成绩单：主要经济指标稳中有升，营业收入同比增长24.76%，利润同比增长193.4%，净利润同比增长178%，主要经济指标实现时间过半任务过半。

国润党委书记、董事长陈杰表示，2018年成立的国润，以党建引领发展，从市场找机遇，用改革破难题，以创新解困局，仅用了1年。如今，这种跨越式发展势头仍在延续，发展质量持续向好，内生动力不断增强。

2018年4月，济南国润资产运营管理有限公司成立

忆往昔：65载春华秋实

却顾所来径，苍苍横翠微。历史是过去的现实，现实是未来的历史。重组的5家企业都是随着中华人民共和国社会主义建设产生并逐步发展，始终传承济南这座英雄城市的红色根脉，承担起地方经济发展与民生福祉的重要职责使命。

在中华人民共和国建立国民经济恢复时期，为确保城市居民供应，1956 年 1 月中国蔬菜公司山东省济南市公司成立，承担起全市蔬菜种植管理及市民的蔬菜副食品产销供应。改革开放后，随着商贸流通改革加速，企业也加快改制改革步伐，推动建立以连锁商业为主的现代流通业态模式，1994 年 5 月开设了全省首家"全客隆"货仓式自选商场，创建了全省最早连锁超市万隆连锁超市。蔬菜公司在推进"菜篮子"工程过程中，打造了"全客隆"面食、"北厚记"酱菜、"醴泉"调味品、"蔬冷"冰糕、"珍兰"牌南酒等一大批知名品牌。

随着我国第四个五年计划实施，国民经济的快速恢复发展，济南市城乡建设进入快速发展期，城市拓展和改善住房条件势在必行。1975 年 11 月济南龙泉资产管理中心的前身济南市民用建筑统建办公室成立，历经济南市城市建设综合开发公司、济南市房地产开发总公司阶段，至 2009 年引进绿地集团战略合作实现转企改制。46 年砥砺奋进，怀着对文化的传承、对建筑的敬意、对社会的责任，开发建设各类项目 1700 多万平方米，拓宽和改造道路 60 余公里，建设各类学校 30 余所，1979 年开工建设了全市首个"三统一"小区七里山小区，1987 年"泉城十大景观"之一的燕子山实验住宅小区竣工，1992 年中国建设工程"鲁班奖"佛山苑小区开工奠基，1998 年全市首个高层欧陆风格的高档住宅小区——泉景·四季花园开工建设，为引领和推动济南城市综合开发建设和提供市民美好生活服务产生了积极影响。

改革开放后，我国汽车工业进入全面发展阶段，行业管理体制和企业经营机制也进行理顺改革，为服务于济南市机械制造和汽车工业快速崛起。1992 年 7 月，成立于 1984 年的济南市冶金工业局供销经理部改建为济南市汽车工业供销总公司，组织市场调剂有关物资，为济南冶金企业、汽车改装、汽车配件生产企业及机械工业等企业提供优质服务，同时承担起市国资系统老干部活动中心管理服务工作。

随着我国社会主义市场经济逐步建立完善，为繁荣市场、搞活经济，1992 年济南隆泉实业总公司成立，参与马鞍山路沿街商用房合作开发建设经营。2000 年后，随着国有企业和国有资产管理体制改革深化，为积极有效化解处理前期国企改革发展遗留问题，2013 年济南诚创资产经营有限公司按照市场化运营机制成立，主要承担未纳入济南一机床集团有限公司改制范围的济南齐鲁锻造厂、济南金鹰刀具厂、济南机床改造中心、济南电镀标牌厂、济南白马经济发展总公司等5户企业的托管和改制剥离的非经营性资产的管理、处置和发展，为下一步深化国企改革奠定基础。

回望来路，65年砥砺奋进，国润出资企业同共和国一起成长，它的发展是一部与国家同频共振、与时代命运与共的发展史。在不同历史时期，国润用奋斗书写了改革奉献的动人篇章。

话今朝：深化制度创新，提升发展活力

国润出资5家企业曾经在助推济南经济发展的过程中发挥了难以替代的作用。但随着社会主义市场经济的深入发展，企业外部发展环境发生了很大改变，它们陆续遇到了经营机制、可持续发展、市场竞争力等方面的问题，与先进企业之间的差距越来越大。老国企如何再现辉煌，亟须另辟新路。

2017年11月，按照济南市委、市政府决策部署，5家市属企业同时站在了改革的重要节点上，这次它们不是单打独斗，而是携手同行。济南市蔬菜副食品（集团）有限责任公司、济南诚创资产经营有限公司、济南龙泉资产管理中心、济南隆泉实业总公司、济南市汽车工业供销总公司5家企业共同组建了济南国润资产运营管理有限公司。次年4月，国润正式挂牌。

重组伊始，国润领导班子深刻意识到5家下属企业在助推地方经济发展中存在的突出矛盾与问题：有的企业经营模式和业务单一，专业性不强，龙头带动作用发挥不够；有的企业布局分散，优势资源未得到有效利用，资源配置效率低；还有企业之间业务重叠，同质化经营……因此，对5户企业的资源整合融合工作，逐步拉开序幕。

国润坚持把制度创新作为关键举措，实施一系列特色鲜明、大胆有效的探索实践：构建内部竞争机制、强化业务统筹管理、加快专业化整合步伐、推动动态信息监管体系建设、突出总部赋能支撑等，在国企改革中发挥了示范引导作用。国润对以上改革创新经验进行总结提炼，提出以"规划先行、平台支撑、简政放权、终端反馈、总部赋能"为核心管理模式，着力解决企业活力和效率问题。这

既是国润对改革举措的一次集成，也是在企业管理上的一次创新。

2018 年之前，国润下属的 5 家子公司长期囿于规模小、企业布局分散、资源配置效率低等发展困境。尤其企业资源要素未充分得到市场化配置，效率低下，企业市场活力、创造性不足等因素，导致有的企业出现经营性亏损。

企业市场化经营机制不健全、内生动力不足、经营活力不强等影响发展的深层次问题，在那时逐步暴露出来。国润组建后，为充分激发内生动力，以制度改革为抓手，不断完善中国特色现代企业制度，推进产业布局优化和结构调整，深化改革，健全市场化经营机制，抓好国企改革专项工程，并且不断加强党的领导和党的建设。

国润资产分布

如今，国润正不断焕发新的活力，国润聚焦济南 8 区 1 县（含南部山区和高新区）资产布局，进一步发挥国有资产运营公司试点优势，通过明确战略定位、发展规划，立足资产专业化运营、钢材贸易主责主业，延伸拓展服务业，打造重组后企业"2+1"新的业务格局，构建有效的业务运行体系，切实发挥协同效应，服务实体经济，充分释放重组红利。

2021 年上半年，企业资产规模比组建之初有了较大幅度的增长，营业收入、利润较成立之初分别保持双位数增长，实现了国有资产的保值增值。

开新局：保持战略定力，顶层设计先行

站在"十四五"规划开局的新起点上，国润党委、董事会充分认识到战略规划的重要性，立足企业重组和持续发展，紧紧围绕"打造有竞争力的专业资产运营管理者"的战略目标，结合企业新的功能定位，积极做好企业发展的前瞻性研究。

陈杰一行到访深圳综合开发研究院考察调研

陈杰多次带队到深圳大学等高校学习研讨，赴深圳综合开发研究院等科研院所考察调研，与深圳等地同行座谈交流，展开全方位对标，全方位学习，将公司战略引领和各业务板块的有效管理相结合，积极布局企业未来的战略投资和发展方向，引领国润这个新市属国企健康快速地发展。

国润从 0 到 1 的发展过程更多是从无到有，但从 1 到 2 的发展过程具有更大的挑战和难度，两者都涉及顶层设计和长远规划。如果企业的发展方式是"摸着石头过河"，会碰到各种各样的理论和现实问题，用"头痛医头、脚痛医脚"的方式解决过程中的问题，改革只能在夹缝中前行。而国润的发展，要强化顶层设计和长远目标的实现，要以"史"为鉴，要用新的方法和思维解决重组过程中的问题。

按照产业相近、行业相关、主业相同、优势互补的原则，国润整合选定了资产运营、钢材贸易、物业服务、投融资等四大发展方向。重组后，企业体量实现规模化，经营更加市场化，发展更具协同性。

2019 年，国润重组示范效应已经显现，企业营业收入、利润，比重组时的 2018 年同比增长 16%、89%，出资企业全部扭亏为盈，企业主要经营指标均呈现高位增长。2020 年在抗击新冠疫情中，企业积极服务国家战略，全面落实省市决策部署，展现了国有企业应有的担当作为。

随着济南投资环境的优化和更多资本的涌入，传统商业、服务业领域发展空间势必趋窄。国润在发挥国企领域担当作用的同时，逐步健全企业的"运营、贸易、服务、投资"的产业链条。

同时，下属 5 家子公司也紧跟改革步伐，完善健全市场化经营机制，实现跨越发展。作为集团优势企业的济南国润物资供销有限责任公司，积极推进改革创新，立足济南钢材现货市场，以"经营驱动、金融驱动、创新驱动"三轮驱动发展战略，全面加强全品类、全流程、全业务服务能力建设，构建良好的服务信用体系，构筑最具活力的钢铁服务供应商。

资产改造升级

国润从运营之初就密切结合市场行情，重视对行业形势研判，不断提高资产运营质量和效益，而不是盲目地追求合同签订数量。在抓好市场开拓的同时，牢牢守住合规运营原则，企业稳稳把控住了按资施策、差异运营节奏。结合济南市15分钟社区便民商圈规划，在推动英雄山特色商业街区企业资产改造提升的同时，突出抓好运营面积超过5000平方米商业房产运营，通过创投升级，引入银座、苏宁等品牌企业，将资产优势与品牌优势、管理优势有效融合，切实服务于济南实体经济发展。

2019年11月，国润借助参加第三届国企发展论坛之际，深化与央企、省企对标合作，加快钢材业务拓展，探讨深化与鞍钢、河钢集团等大中型钢铁企业的合作，推动构建钢材供应链金融新生态，加快推动企业发展与地方经济深度融合能力，进一步提升了企业服务济南先进制造业的能力。

重创新：激活企业的内生动力

走进国润所属济南龙泉资产管理有限责任公司市场发展部，几个年轻人正围坐在一起热烈讨论，桌面摆放的文件上写满了各种市场参数。

企业发展需要人才支撑，但更关键的是机制创新。企业创新不是披上一层改革的外壳，而是要形成创新的文化和内核，将创新植入治企理念、重塑行为观念、贯穿制度建设，通过创新技术的引入推动企业管理的变革，利用企业管理变革激发职工创新的内生动能，形成人才成长与企业发展的双向促进、良性循环，职工队伍从生产型、经营型逐步向创新型转变。

国润动员全体职工参与创新型企业建设，推动职工的工作重心由以往简单的现场巡查、报表统计、劳动作业，向专业数据维护应用以及创新开发转变，在干中学、学中干，这个过程中锻炼培育了一大批综合性、复合型人才，职工个人的成就感、幸福感也大幅提升。

为了促进干部员工观念的更新，国润坚持把创新型企业建设作为重要主题融入党委中心组学习、党课报告会、年度工作会专题讨论，成为提拔选用干部、后备人才学习深造以及新入职员工理论提升的必学科目。

党委中心组（扩大）集体学习

党史学习教育专题宣讲

同时，国润坚持创新工作与生产经营中心任务同研究、同部署、同推进、同落实，把创新成效作为集团总部与出资企业年度考核的重要内容。

国润管理层深知，过去那种拼资源、比规模的时代已经结束，主动拥抱信息化、数字化发展，建设具有智能应对风险和持续优化管控能力的智慧型企业，是国润担当国企使命、实现高质量发展的必由之路，公司也将在以智慧企业建设引领专业化资产运营变革的道路上探索不止。

强党建：将制度优势转化为治理效能

国润始终坚持党对国有企业的全面领导不动摇，始终坚持"两个一以贯之"，始终把加强党的领导和完善公司治理统一起来，推动党的领导融入公司治理制度化、规范化、程序化，充分发挥党委把方向、管大局、促落实的作用；把党的领导优势、组织优势切实转化为公司的发展优势、竞争优势。

企业工作推进到哪里，党建工作就做到哪里。国润密织党建工作网络，在具体工作中将党建与企业发展紧密结合，推动党建工作责任制与生产经营责任制联动。同时，注重为职工群众排解愁事、解决难事，汇聚合力，奋力开创企业高质量发展新局面。

国润将党建融入日常工作中，将党支部建在项目上，发挥党建引领企业发展的积极作用。在济南隆泉实业有限公司，企业把学习成果转化为生产经营的强大动力，积极探索把党组织建在项目上，实现了企业党建与中心工作的有机融合。

国润结合自身实际，建立健全党建考核制度，积极探索党建与经济工作进一步深度融合的有效体制机制，从根本上破解党建与经济工作"两张皮"现象。

国润的党建考核制度，突出构建党委层面考核指标体系，围绕把方向、管大局、保落实，主要是从基层党支部、党小组、党员3个层级分类制定完善的考核指标体系。对下属二级单位党组织，则以定战略、定思路、定政策，管党建、管廉政、管思想、管干部、管重大、管稳定、管文化、管民生，落实省委、市委、市国资委党委及集团党委决策部署制定情况、落实情况的考核作为刚性考核指标。

国润的党建考核工作，更加注重结果运用，将考核结果与个人待遇挂钩，严格兑现奖惩，切实发挥党建服务经济工作的职能，很好地体现了考核的价值和意义所在。

通过实施党建考核，有效激励各级党组织和党员对标一流、自我提升的紧迫性和自觉性，主动强弱项、补短板，更能最大限度调动党员群众工作积极性，全面推动企业深化改革发展各项工作。

改革，最难改的是机构设置和人。在国润重组历程中，公司党委牵头制定一系列办法，想尽办法做好干部职工的思想工作，保障了改革重组顺利进行。

与此同时，基层党组织充分发挥聚民心、集民智的作用，组织活动创意不断，将党建工作与生产经营深度融合，推动企业强筋健骨。国润推出"党建＋"活动，支部以"三会一课"为抓手，围绕生产经营工作，以"批评和自我批评"为方式，促进精神状态、工作作风、工作技能等全面提升。

得益于党建融合效用，过去国润业务分析会更多侧重客观影响，往往陷入批评客观环境和他人的误区，而现在业务分析会重在剖析自身问题。一个外部一个内部，一个主观一个客观，互相补充。

通过持续加强和改进国有企业党的建设，国润将社会大局内化为奋斗目标，展现出国企的格局站位和独特优势。2020年为打赢疫情防控阻击战，帮扶中小企业共渡难关，国润指导出资企业认真落实省市房租减免帮扶政策。面对出租房产类型多、出租主体多、出租方式复杂、承租户数量多的实际情况，集团主动研读政策，及时研究出台相关文件，全面细化房租减免范围、标准、操作流程，安排专人在线解答减免疑难问题，有效推动了减免工作开展，国润所出资企业坚持主动联系租户，推动减免政策落到实处，全年为252户承租户减免租金共计1700多万元，真真切切帮助市场经营主体平稳渡过难关。

持续开展"不忘初心　牢记使命"主题教育

聚合力：重塑企业文化推动融合发展

企业之间的竞争最终是文化的竞争，企业文化体现企业价值理念、标准、精神，优秀的企业文化具有导向、凝聚、吸引、激励作用，是决定重组成效的关键。

组建国润的5家企业都有着30多年的发展历史，尽管同根同源，天然具有相似的精神血脉，尽管重视协同，聚焦做强做大做优国有企业，但仍然存在具有不同的企业文化、不同的管理理念、不同的制度体系、不同的工作方法。一夜之间，伴随着一纸文件，成为重组整合的对象，很多员工心里不好受，同时也憋着一股不服输的劲。

重组整合已经暂告一段落，但企业深化内部改革的序幕才刚刚开启。管理和业务融合，通过努力，时间不会太长就可以实现，但是思想和文化融合才是真正的融合，文化认同才是最深层次的认同。

对于企业文化的塑造，国润通过构建统一的管理体系，制定相同的行为规范，树立一致的价值取向，确定共同的企业愿景，这就需要全体国润人，特别是各级领导干部，团结一心，聚焦聚力，埋头苦干，精心打磨，方能事有所成。

在基层，国润充分利用企业基层党组织"党员示范岗""党员先锋岗""党员安全岗"等载体，充分发挥党员先锋模范作用。在党建引领下，国润涌现出一大批勇于担当、乐于奉献的党员典范。市国资"国企楷模"——济南国润物资供销有限责任公司总经理助理潘锋林主动冲锋在一线，无论在平时还是疫情期间，想方设法搞好钢材营销，千方百计组织货源，经常亲自规划物资运送，协调车辆运输手续，工作繁忙时就把面包、方便面当作工作餐，在关键任务和攻坚克难面前始终冲在最前面。2020年新冠疫情开始肆虐时，主动放弃休假的

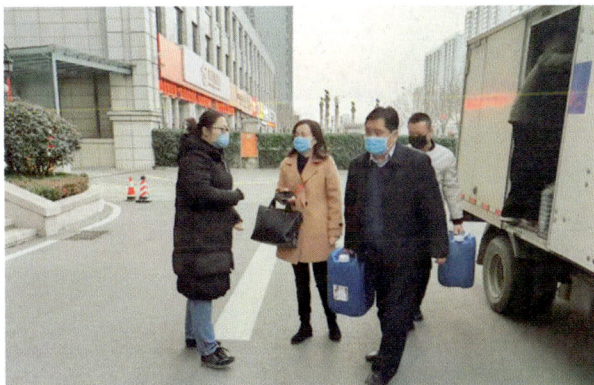

疫情期间，国润公司领导班子全部到岗到位、靠前指挥

国润纪检监察室负责人王楠，面对市场上防疫物资紧缺的实际困难，多方联系市场，主动先行垫付所需费用，为公司及时购得消毒液、防疫口罩、测温枪等各类防疫物资。

国润在加大企业思想宣传工作的同时，充分发挥党群一体化优势，加强阵地建设，配备了电视机、电教宣传片等，征订了各类党群报刊、书籍等读物，让员工有了自己的活动之家。国润职工通过参加全市国企庆祝中华人民共和国成立70周年红歌会会演，激发了主人翁的潜在意识。通过设立"党员先锋岗"，参与社区共建、疫情防控、复工复产等不同载体活动，充分挖掘广大职工潜力，激励他们在各个领域发挥先锋模范作用，打造重组进程中的文化共同体、利益共同体、命运共同体、责任共同体，全力彰显国润精神，弘扬国润文化，凝聚国润力量，全方位展示国润形象，进一步统一思想、凝聚共识，为企业高质量发展增强发展动能、强化发展保障。

参加全市国企庆祝中华人民共和国成立70周年红歌会会演

当前，结合党史学习教育，国润党委正在努力挖掘出资企业奋斗史、创业史，从发展历程中总结经验教训，从奋斗精神与红色基因中凝聚发展动力，并以深耕厚植"三牛精神"为契机，全面提升企业发展动力。

时间续写下恢宏篇章，崭新一页正在掀开。站在新的历史起点上，展望未来的征途，国润将在市委市政府、市国资委的坚强领导下，赓续国企红色血脉，

党员志愿者服务队到社区开展垃圾分类宣传活动

以党建赋能高质量发展，以服务国家战略和城市发展为根本任务，坚持市场化、专业化、法治化导向，强化改革创新，加快转型发展，推动企业做强做优做大，为新时代现代化强省会建设做出更大贡献。

（写于2021年）

改革启示：

这些年，一批新行业不断涌现，不少老产业黯然退场。如何在新兴的资本市场角逐一席之地？济南国润资产运营管理有限公司党委书记、董事长陈杰用8个字道出制胜秘籍："敢破敢立，深改稳进。"

国企尤其是老国企重组，不可避免地要涉及打破既有组织边界，建立重新融合的问题。既得利益、历史惯性的作用下，使得这一过程变得敏感复杂，动辄得咎。

正式组建之前，济南国润就开始谋划新集团的定位与战略架构。组建后，则将集团本部及子公司组织架构和业务板块进行重构调整，梳理分类合并归集。此后，济南国润立足资产专业化运营、钢材贸易主责主业，延伸拓展服务业，打造重组后企业"2+1"新的业务格局，切实发挥协同效应，服务实体经济，充分释放重组红利。

同时，济南国润以改革、文化、管理为炉火，把个同出身、不同行业的资产，锻铸为结构完整、功能齐全、主次分明、上下协作、各司其职的业务运营体系；以打造"有竞争力的专业资产运营管理者"为目标，坚持把企业发展融入国家和地方战略，构建了外部良性竞合的产业生态圈，在壮大企业核心竞争力的同时，树立起激情创业、勇于创新、敢于担当的新时代新国企形象。

济南国润用3年的实践探索出一条适合自身的重组路径，是成为推动企业不断做强做优做大的关键要素。

山东三箭集团：
从"三建"到"三箭"，46年匠心筑造精品

20多年前，济南的"大客厅"泉城广场正式投入使用。大部分市民不知道，是"三箭集团"筑造了它，让"泉城广场"这个名字成为济南的标志。

三箭，生长在泉城，发展在泉城，根植在泉城。三箭前身公私合营济南建筑安装公司成立于1956年，1975年正式组建，已有46年历史。伴着改革开放唱响春天的故事，"三箭"这块金字招牌也应运而生。随时代变迁，三箭的发展也折射了城市发展的日新月异。

三箭，因城而生。对于济南来说，三箭是筑城者，更是筑梦者。近半个世纪，山东三箭集团为济南这座城市留下了诸多的记忆：泉城广场、山东省邮政技术中心、东方大厦、济南市第一座超高层住宅林祥大厦、顺河高架桥、济南全民健身中心、清雅居公租房……一大批标志性建筑均出自三箭之手，三箭也用一项项建筑作品在城市里烙下自己诚信的印

泉城广场施工现场

顺河高架项目

济南市全民健身中心项目

记，并与城市的发展交相辉映。

这些市民耳熟能详的地标性建筑，不仅夯实着济南的成长根基，也见证了三箭集团的涅槃腾飞。

从"三建"到"三箭"，改革机制重焕生机

1975年，济南5家国有建筑企业诞生。其中，就有三箭集团的前身——济南第三建筑工程公司（以下称"济南三建"）。

1984年工地施工现场

1984年施工现场绑扎钢筋

1985年施工现场浇筑混凝土

20世纪80年代末，正值计划经济向市场经济过渡时期，国有企业面临着人员多、任务少、效率低、包袱重的重重困难，在建筑市场上，济南三建不可避免地遭遇了严峻的挑战。到1990年，企业年产值只有4000多万元，经济效益亏损额高达1970万元，一度面临破产危机，只能靠政府借贷维系生计。

当时山东省国有建筑施工企业的3个亏损大户，济南三建是其中之一。

面对危局，企业开始找寻出路。

20世纪90年代的"砸三铁"成为三建的命运转折点。1992年，济南三建借此政策剥离管理层与劳务层，1000余名城市工人下岗，200余名管理层与技术工人重新竞聘上岗。这样的改革力度在当时引发轰动。

除了变革机制，济南三建还调整产业结构，打破单一业务发展格局，转换经营机制，提出"打起背包就出发，哪里挣钱哪安家"的口号。据老员工回忆，鼎盛时期济南三建曾开过17家饭店，像水上酒家与万花大酒店，在当时几乎是家喻户晓。

正是这些举措，让濒临倒闭破产的企业扭亏为盈，实现了"一业为主，多业并举"的企业发展战略，取得了良好的经济效益和社会效益。

1992年底，企业产值从1991年的7800万元增长到1.37亿元，扭亏为盈。

1994年，济南三建更名济南三箭置业集团总公司，并率先申获三箭商标。除了谐音"三建"的寓意，"三箭"还寓意"三箭齐发"，走出济南，走出鲁门，走向世界，加快市场化运营，做成大集团。

做强主业坚守品质，市场规模不断扩大

企业重新"活"过来了，提振主业成为三箭的当务之急。建于1995年的山东电力局林祥大厦，是三箭中标的济南市第一个高层住宅项目，也是后来三箭集

团开拓济南乃至全省房地产市场的"敲门砖"。这栋共计 28 层、总建筑面积 5 万余平方米的建筑，施工工期只有 13 个月，这在当时堪称"奇迹"。

三箭集团董事长杨承林回忆，为了赶工期，项目打破了正常施工程序，配 4 套模板，采用最先进的整体电动提升架，24 小时作业，上面干主体，下面干内部装修，最终仅用 13 个月就完工，创造了主体 4 天一层的建设速度。

声誉一炮打响，市场就此打开。

至"十三五"期末，三箭集团年度施工面积突破 1000 万平方米。

山东电力局林祥大厦

市场规模保持稳定增长的背后，是三箭集团多年来对品质的追求。

一直以来，三箭集团都把工程质量摆在项目建设的首要位置，承建的代表济南的标志性广场——泉城广场，20 多年过去了，基本上没有进行大的维修；在西藏最高海拔城市中有一座最高建筑——日喀则山东大厦，也是由三箭集团承建，工程速度快、质量好，受到了山东省政府的通报表彰。

泉城广场项目部

西藏日喀则山东大厦

三箭集团开发的住宅项目，也是奖项累累：三箭吉祥苑获得住建部首届中国房地产业最高奖"广厦奖"，三箭汇福山庄荣获"中国十佳绿色人居精品楼盘"称号，三箭瑞景苑一期荣获"詹天佑奖优秀住宅小区"金奖和"广厦奖"……

此外，集团获得鲁班奖、国家优质工程奖、詹天佑奖、中国建筑工程装饰奖、全国建筑业绿色施工示范工程、中国安装之星、金杯奖等多项国家级奖项，并取得了泰山杯、泉城杯、省绿色科技示范工程等百余项省部级奖项。

泉城广场项目获评"鲁班奖"

三箭获评"创鲁班奖工程特别荣誉企业"

2017年，三箭集团成功晋升特级资质，迈进全国建筑施工企业"第一方阵"，为企业发展开辟了更广阔的市场和平台。

适应市场需求，改革提质增效

三箭集团46年的发展历程，也是一部不断适应市场需求、实时调整经营方向的发展史。2001年，三箭集团成为济南最早进军房地产行业的企业之一，明确了建筑施工与房地产开发为主要发展方向。

到"十三五"期间，三箭集团年度房地产开发面积突破100万平方米，年实现利润和上缴税金均由2亿元增长到3亿元以上，进入济南市年纳税额前29家大企业集团之列。

这串数字的背后，是三箭集团近年来加快改革创新、提升企业核心竞争力的缩影。

2010年前后，恰逢济南加快城市化发展的历史机遇，为突破行业发展瓶颈，三箭集团适应市场变化，紧紧围绕建筑施工和房地产开发产业链，在夯实主业发展基础的同时将产业链向纵向和横向延伸，逐渐形成了以工程总承包、房地产开发、项目咨询管理等业务为主，劳务管理、设备租赁等关联业务为补充的产业格局。

通过主业产业链的延伸，打造形成多产业经营平台，降低经营风险，提高集团化经营的整体利润率，实现了企业的稳定、健康、快速、可持续发展。

20年来，三箭集团打造了瑞福苑、汇福山庄、瑞景苑、明湖壹品苑等20多个地产项目，成为本土房企的一面旗帜。

三箭瑞景苑

近年来，三箭集团更是形成了从投融资、设计及咨询服务、房地产开发、工程建设、建筑材料生产及采购到资产运营的较为完善的产业链体系。

在历届领导班子的带领下，三箭集团的管理思路和管理模式在不断的变革中逐渐成熟，企业产值、经济效益不断提高，实现了国有资产的保值增值。

推动科技创新，提升企业核心竞争力

多年来，企业经营模式不断创新的同时，三箭集团以省级技术中心和各类创新工作室为依托，把科技创新作为企业发展的内生驱动力，紧紧围绕建筑行业发展趋势，坚持以创新、研发及新技术应用为支撑，持续加大科技研发投入，深

山东三箭数字建筑档案馆

化开展创新体系建设，积极推进科技成果落地，深化 BIM 技术的研究和应用，加快推进信息化建设，一直致力于推动企业利用大数据、建筑智能一体化等技术搭建信息系统，逐步将企业经营管理、项目过程控制、进度管理、现场施工情况采集等业务"上云"。三箭集团培养并带动了一批科技创新团队，为高品质建筑提供了科技支撑，为企业高质量发展注入了动力。

其中，三箭集团组织完成的济南百年修女楼平移项目创下最大文物建筑平移的纪录，让全世界感受到了中国建造的强大实力；三箭建筑工程数字化交付平台获得授权并进入运行阶段，为智慧城市建设提供了三箭方案。

同时，三箭集团紧跟国家装配式、产业化、绿色建造的发展趋势，大力发展建筑产业化，谋划组建产业平台和科技创新平台，重点打造以装配式建筑、绿色建筑和节能建筑、未来建筑和新型建筑材料为主的业务。

建设中的三箭和平广场

其中，三箭集团投资 11 亿元开发的三箭和平广场项目，就是建筑产业现代化这一理念的具体落地，该项目主体结构采用钢框架 – 支撑结构，在主体结构产业化上进行实践，被评为山东省装配式建筑示范工程。

"十三五"期间，三箭集团累计获得省级以上科技成果奖励 200 多项。先后通过"高新技术企业"认定，荣获"济南市创新发展突出贡献企业"称号，入选 10 家建筑业企业之列。

未来，三箭集团将在济南市委、市政府和国资委的正确领导下，坚持稳中求进、守正创新，以推进高质量发展为中心，以全面深化改革、加快转型升级为主线，以强本固基、提质增效为统领，以更大决心、更大勇气、更大力度，加快激活企业跨越式发展的内生动力，明确加快打造"济南建造"高端品牌这个目标，努力将三箭集团打造成为济南市标杆、省内一流、国内知名的综合性投资建设集团。

（写于 2021 年）

改革启示:

近 50 年来,在历届领导班子的带领下,山东三箭集团围绕深化改革和加快发展两大主题,主动求变,聚焦主业,始终坚持党建引领,走出了一条独具特色的企业发展之路。

20 世纪 90 年代初,三箭集团调整产业结构,把管理层与劳务层成功分离,打破单一业务发展格局,从生产经营型向规模经营型转变,实现"一业为主,多业并举",让濒临倒闭破产的企业彻底扭亏为盈。

2001 年,三箭集团在济南率先进军房地产行业,逐步明确了工程总承包与房地产开发为主要发展方向。抓住不同时期城市发展中的机遇,不断突破行业发展瓶颈,紧紧围绕工程总承包和房地产开发产业链,逐步打造形成了从投融资、设计及咨询服务、房地产开发、工程建设、建筑材料生产及采购到资产运营的较为完善的产业链体系。经过近 20 年的发展,企业经营产值过百亿。

一直以来,三箭集团以党建引领生产经营,始终坚持"党建服务生产"不偏离。近年来,坚持依靠科技进步推动企业发展,紧跟国家装配式、产业化、绿色建造的发展趋势,大力发展建筑产业化;提升 BIM 技术应用能力,将 BIM 技术与传统施工技术相结合;致力于推动企业运用大数据、建筑智能一体化等技术搭建信息系统,逐步将企业经营管理、项目过程控制、进度管理、现场施工情况采集等业务"上云",不断提升企业核心竞争力。

纵观 46 年发展历程,山东三箭集团的发展是一部不断加强党的领导、不断适应市场需求、适时调整经营方向的发展史,企业产值、经济效益不断提高,实现了国有资产的保值增值,为济南留下了泉城广场、顺河高架桥、全民健身中心等诸多地标性建筑,这些地标性建筑见证了山东三箭集团的涅槃腾飞。

济南金控集团：
深化产融融合，为实体经济发展注入"金融活水"

2017年6月，济南市委、市政府做出市级投融资平台改革的决策，成立济南金融控股集团有限公司，负责整合各类金融资源，综合经营银行、证券、保险、股权交易等金融业务，为打造区域性金融中心提供支撑和保障。

在市委、市政府的正确领导下，济南金控始终坚持发挥党的核心领导作用，秉持整合资源、服务实体的初心使命，按照"全牌照经营，全区域发展"的战略思路，聚焦资产投资与管理、金融与类金融服务、基金管理三大主营业务，依托济南、香港双核，以牌照为工具，以专业为发展特色，以人才为兴业源泉，始终坚持"同融共济、信誉全程"的合作多赢理念，始终坚持防风险的忧患意识，实现了集团各板块安全、快速的高质量发展。

截至2021年6月，济南金控集团总资产从成立时的100亿元上涨到227.25亿元，在管资产总规模已突破4000亿元，信用评级达到AA+水平，融资能力进一步提升。通过充分运用银行、信托、期货、租赁、保理等11张金融类金融

2017年6月，济南金控集团举行揭牌仪式

2020年7月，济南金控集团党委书记、董事长王玉柱获评第十二届"影响济南"经济人物

牌照、专业化的资本运作和创新发展的理念，在14个业务单元领域，为实体企业提供了近百种资金解决方案模板，每年提供上千亿资金支持，已有3万余户企业直接受益。特别是疫情期间，各牌照纷纷推出创新方式，提高放款效率，得到了社会公众、企业、省市政府领导的关注和好评。

济南金控集团正以金融牌照服务为载体，深化产融融合，将金控服务向省会都市圈延伸，向黄河流域布局，为济南打造区域性金融中心靠前担当。

扶持小微企业，金融"活水"助推产融结合

2021年4月6日，济南金控集团旗下参股基金公司"华宸基石基金"迎来牛年首家上市企业——山东中农联合生物科技股份有限公司。该公司总部位于济南市，专注生产"高效低毒、生态安全"的农药产品。恰逢深交所主板和中小板自4月6日起合并，中农联合成为首批登陆深市新主板的公司。

2021年8月10日，济南金控集团参股企业济南圣泉集团在主板首次公开发行，发行价24.01元，上市后股价迅速攀升至34.57元，涨幅达43.98%。企业位于济南市章丘区，是"神舟"飞船返回舱保温原材料制造商，未来将在秸秆节能利用、新材料研发等领域为省市发展贡献力量。

截至2021年8月，济南金控集团在投基金累计投资企业285户，投资总额165.37亿元，投资企业中14户已实现上市。其中投资我市企业153户、123.37亿元，助力济南4家企业成功上市。基金撬动社会资本、助力企业腾飞、促进区域经济发展的杠杆效果显著。

2021年4月6日，济南金控集团参股基金投资企业中农联合主板成功上市

2021年8月10日，济南圣泉集团主板上市，济南金控集团基金板块收获第十四家上市公司

这一串数字，是济南金控集团以金融资本服务产业的具体体现。成立仅4年，济南金控集团已经实现了从单纯的"拿钱投资"到"资本服务"的转变。

经济兴则金融兴，金融活则经济活。

作为市级投融资平台，济南金控集团还不断加大对民营和小微企业的信贷投放力度。哪怕再有创新能力、再有活力的企业，离开资金也是不行的，尤其是中小微企业。金融公司的职能就是整合银行、保险、证券等金融资源，为实体经济提供资金支持。

2020年6月，济南金控集团与财通证券签署战略合作协议

一般来说，中小微企业融资难、融资贵是共识，盈利能力不强、担保能力不足、资信级别不高等都是导致融资难题的原因。为扶持中小微企业发展，济南金控集团出台了一系列措施，包括小额贷款公司降低中小微企业的资金使用利率、帮助企业提升资质等。

目前市场上的小额贷款公司提供给企业的资金使用利率是20%，金控集团提供给他们的利率会低至12%甚至10%，大大降低了企业的资金使用成本。

服务实体经济，促进制造业与金融业融合发展

可以说，金融资本是实体经济发展的重要推动力量，为实体经济服务是金融的天职。

尤其是对于重大建设项目来说，资金是"助推器"，更是"加速器"。一直以来，济南金控集团千方百计抓好重点项目融资服务。

在济南不少重点项目的背后，都有济南金控集团的投资和助力。

为加快推进济南市区域性贸易中心建设，济南金控集团代表济南市政府参股49%，与代表国铁集团的中铁济南局合资成立北环铁路公司，负责邯济铁路至胶济铁路联络线项目的建设与运营，注册资本近20亿元，总投资65.6亿元。

为保障项目顺利推进，济南金控集团累计筹措拨付资金23.72亿元，及时解决征地拆迁资金缺口问题。

2021年4月26日，该项目顺利通过海关验收，取得经营海关监管场所登记证，标志着董家铁路货运中心发展成为山东（济南）国际铁路货运中心。货运中心作为我市内陆港建设的重大核心，已成为济南深度融入黄河流域生态保护和高质量发展、"一带一路"建设等重大国家战略的关键一环。

济南金控集团累计为北环铁路项目筹措拨付资金23.72亿元，及时解决征地拆迁资金缺口问题

融资租赁因其独特的金融模式，在服务实体经济转型升级中越来越多地引起重视。在支持济南市轨道交通装备"走出去"的道路上，济南金控集团提供的融资租赁服务功不可没。

近年来，轨道交通产业迎来了快速发展期，盾构机市场需求

通过融资租赁业务资金支持，使"济南造"盾构机远销北京、深圳等中心城市

巨大，但由于盾构机单机价值高、生产周期长、维修保养任务重，"济南造"盾构机等轨道装备想要"走出去"，实现全国销售和发展壮大，仅靠制造业企业单打独斗难以取得良好效果。

融资租赁公司和济南重工集团研究制定了盾构机产品"一体化"合作方案，开展盾构机租赁业务，由融资租赁公司购买盾构机，济南重工集团提供售后维修等服务，共同开拓国内市场，共同推动"济南造"盾构机"走出去"。

融资租赁公司累计为济南重工集团实现租赁销售盾构机11台，规模3.98亿元，使"济南造"盾构机远销北京、深圳、杭州等中心城市，打出了高端装备

济南金控集团：深化产融融合，为实体经济发展注入"金融活水"

制造业与现代金融服务业深度融合发展的"组合拳"。

济南金控集团积极发挥牌照优势，运用资本市场金融工具，为我市实体企业争取低成本资金。2021年8月，济南金控集团首次成功发行2.78亿境外美元债，实现成立后首次境外融资和美元债发行，不仅打通了公司对接国际资本市场的融资渠道，降低了融资成本，增强了资金来源的稳定性和多元性，更对提升济南在国内外资本市场形象、展现良好信用资质、促进未来招商引资等方面具有重大意义。截至2021年，济南金控集团各牌照累计新增服务实体经济金额超过2500亿元，累计新增服务实体经济户数超过3.5万户，对实体经济的支持力度持续加大，资金结构流向更趋合理，成为助力区域实体经济发展的有力支撑。

展现国企担当，加大疫情防控领域信贷支持力度

156

在做好金融主业、助力实体经济发展的同时，济南金控集团服务地方经济，在促进东西部协作、加大疫情防控领域的信贷支持力度等方面，显示出了作为国企的责任与担当。

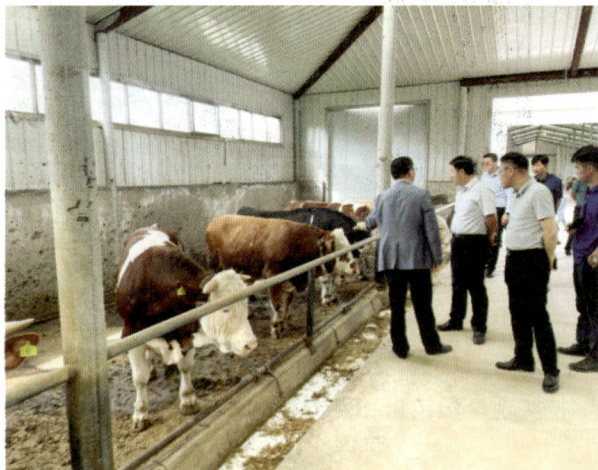

济南金控集团考察和政县肉牛标准化养殖基地

为贯彻落实省市重大工作部署，推进我省与甘肃省东西部协作工作，2021年6月，济南金控集团赴甘肃临夏州和政县调研，积极支持与当地的东西部扶贫协作工作，推动落实投资总额超20亿元的中特智慧冷链物流园项目，通过扶持壮大当地中药材、畜牧养殖等支柱产业，实现农业增效、农民增收、农村发展，切实助推和政县的脱贫攻坚。

济南金控集团子公司金控资产管理公司自2017年10月成立以来，一直专注于不良资产经营处置，通过银司合作、特色投融资、基金、债务重组等方式，

综合运用多种工具化解金融风险、服务地方经济。

2019年，天桥区田庄社区城中村改造项目在建设过程中因资金紧张，从而导致项目推进受阻，金控资产管理公司通过资金投放＋资金监管的闭环运作模式，在较短时间内完成了项目立项审批、项目尽调、项目评审、

疫情期间，济南金控集团在德迈国际信息产业园调研

合同面签、资金拨付等方面工作，投入资金5000万元，协助田庄社区居民委员会及时解决了城中村改造过程中遇到的资金难题，促进了城中村改造项目的顺利实施。

疫情期间，济南金控集团更是利用凭借其金融优势，加大对疫情防控相关领域的信贷支持力度，有力地支持了疫情防控和复工复产。

2020年4月，济南金控集团成功发行5亿元公司债（疫情防控债），主要用于向疫情防控相关企业进行疫情防控项目资金投放，用于医药材料、药品药具采购以及口罩、防护服等防疫器材生产。债券票面利率3.9%，创2020年以来全国同品种、同期限、同级别疫情防控债利率最低。这也是山东省首单主体评级AA+疫情防控私募债。

除了发放疫情债，济南金控集团还及时为宏济堂制药、宏业纺织等疫情防控相关企业的疫情防控项目进行资金投放，有力支持了医药材料、药品药具采购，口罩和防护服等防疫器材生产。

2020年2月，济南宏济堂制药急需资金用于扩大相关防疫药品生产，金控资产管理公司第一时间召开线上业务会，主动降低资金使用成本，仅仅用了3天时间，就完成了项目立项审批、项目尽调、项目评审、合同签订、资金拨付等一系列工作，顺利向宏济堂制药投放专项支持生产抗疫药品资金3500万元。

以改革促发展，做优做强国有企业

自成立之初，济南金控集团就按照现代企业制度的要求，搭建了完善的公司治理结构，党建引领下的"三会一层"各司其职，党委把关、董事会决策、经理层执行，监事会监督，实现规范的公司治理。

济南金控集团持续巩固和加强党的领导，畅通企业党组织发挥政治核心作用的途径，将党建工作总体要求纳入集团和权属子公司章程，明确企业党组织在公司法人治理结构中的法定地位。坚持党的建设同步谋划、党的组织及工作机构同步设置、党组织负责人及党务工作人员同步配备、党的工作同步开展。集团党委坚守"把方向、管大局、保落实"，完善"三重一大"事项集体决策制度。

在企业运营中，济南金控集团实行扁平化管理和市场化"选人用人"，企业层级压缩至三级以内，以"瘦身"促动能发挥，不断提升整体运营效率。落实"党管干部""党管人才"原则，全面执行"人才强企"战略。推行经理层成员任期制和契约化管理，探索建立职业经理人选聘、考核和激励约束机制，着力打造高水平、高素质、专业化经营管理人才队伍。

在探索推进混合所有制改革的过程中，济南金控集团做了大量的工作。作为混改试点单位，济南金控典当有限公司通过增资扩股的方式引入战略投资者和专业运营团队。此外，以混合所有制的方式，发起设立济南金控国际融资租赁公司、济南金控金融服务外包有限公司、济南金控全程供应链服务有限公司、济南金控商河财金投资有限公司，收购了江海汇鑫期货有限公司等6家混合所有制企业，国有资本得到有效放大和保值增值。

区域发展，资本先行。黄河流域生态保护和高质量发展要有金融高质量发展作支撑，济南金控集团秉持着"区域性金融中心建设先锋队"的角色定位，把金控牌照服务向省会都市圈延伸，向黄河流域布局，助力新时代现代化强省会建设。如今，济南金控集团正在朝着成为多元化金融投资控股公司的方向迈进。

（写于 2021 年）

改革启示：

自 2017 年成立以来，仅 4 年时间，济南金控集团就已经发展成为一家多元化金融投资控股公司，并朝着"区域性金融中心建设先锋队"的目标迈进。快速发展的背后，是济南金控集团持续巩固和加强党的领导，不断完善公司治理结构，深化企业制度改革的结果。

济南金控集团自成立之初，就按照现代企业制度的要求，搭建了完善的公司治理结构，党建引领下的"三会一层"各司其职，党委把关、董事会决策、经理层执行，监事会监督，实现规范的公司治理。采用扁平化管理和市场化"选人用人"，企业层级压缩至 3 级以内，以"瘦身"促动能发挥，不断提升整体运营效率。同时落实 "党管干部""党管人才"原则，全面执行"人才强企"战略。

在企业改制方面，不断深化劳动、人事、分配 3 项制度改革，创造干部能上能下的动态管理机制；健全员工能进能出机制；搭建职工成长成才的平台；不断完善市场化绩效考核制度和薪酬管理体系，以"三项制度"改革不断激发内生动力。

济南金控集团不断深化产权制度改革，推进混合所有制改革，盘活内外部资本。济南金控典当有限公司作为混改试点单位，通过增资扩股的方式引入战略投资者和专业运营团队。以混合所有制的方式，发起设立济南金控国际融资租赁公司、济南金控金融服务外包有限公司、济南金控全程供应链服务有限公司、济南金控商河财金投资有限公司，收购江海汇鑫期货有限公司等 6 家混合所有制企业，国有资本得到有效放大和保值增值。

同时，充分运用杠杆优势，优化投资对象、投资结构、投资手段，通过直接投资和股权投资等模式，不断提高集团的资产证券化率，强化金融服务能力。

齐鲁财金集团：
撬动国有资本投资杠杆，助推济南高质量发展

当前的济南，处在前所未有的发展机遇期、关键期和黄金期。在济南激扬高质量发展的浪潮中，凝聚着干事创业、争当一流、助力省会扬龙头的澎湃力量。成立于 2017 年 5 月的齐鲁财金投资集团有限公司（以下简称齐鲁财金集团）就是其中之一。

齐鲁财金集团办公大楼

翻开企业的"大事记"，成立仅 4 年的齐鲁财金集团却走出一连串跨越式发展的步伐：2020 年集团资产总额达到 237 亿元，较 2017 年成立初期增长 100 亿元，增幅 74%；营业收入超过 65 亿元，较 2017 年增长 399%；先后荣获山东省社会责任企业、市级"新时代五好基层党组织"、市级精神文明单位、市级群众满意单位、市级实绩考核突出单位等荣誉称号。

作为济南市市属国有资本投资运营公司，齐鲁财金集团带着一股初生牛犊般的冲劲，勇闯改革深水区，撬动国有资本投资杠杆，助推济南高质量发展。以服务实体经济和引领产业发展为宗旨，它抢抓重大战略机遇，积极融入国家和省市战略，在服务实体经济、新旧动能转换、高端产业集聚等方面发挥着专业资本运营团队的优势，积极为济南高质量发展搭建平台。

创新发展：搭建"国企实力＋民企活力"发展路径

浮沉于资本市场，齐鲁财金集团一方面要抢抓机遇、创新发展，一方面要确保国有资本保值增值，在驶向改革深水区的过程中，练就一身应对急流险滩的本领至关重要。

2017年，成立初期的齐鲁财金集团，实力相对薄弱，资产总额仅为130亿元，且多为公益性资产，经营性资产占比较低。彼时的它正如一只刚要扬帆起航的小舟，尚不能抵挡资本市场大风大浪的冲击，发挥的国有资本在"五个济南"和现代化强省会建设中的表率作用也不明显。

发展壮大国有企业，关键在党的建设，不断提升国有企业党建水平，是做优做强国有企业的"压舱石"。在一次次咬紧牙关的尝试中，齐鲁财金集团探索出了一条党建引领创新发展的路径，在党建与业务工作的融合过程中，不断提升管理决策水平和改革创新能力。

齐鲁财金集团党委建树学习型、实干型、担当型、廉洁型、创新型"五型"党建品牌，聚力把党建优势转化为发展优势，夯实高质量发展的制度根基——

推动混合所有制改革，搭建"国企实力＋民企活力"的发展路径；

加强数字化建设，完善生产、管理、统计分析等各环节信息化机制，逐步建立全覆盖、横向到边纵向到底的数字化管控体系；

着力提升行政效能，建立机关以管控为主、子公司以业务为主的

齐鲁财金集团"落实强省会战略　实现高质量发展"工作动员会

分级治理体系；

引进先进品牌管理理念，构建"有目标、有流程、有标准、有评价"的激励约束机制，激发全体员工干事创业活力。

在此过程中，齐鲁财金集团塑造起"早快细严实"的企业文化，既使全体员工认识到能力不足的恐慌，又从对标先进中找差距、抓整改、促提升。同时，将基层党组织覆盖到投资决策、项目推进、发债融资、经营管理"一线"，开展"党员突击队""党员先锋岗"等活动，先后破除经开投委托代建收入萎缩、政府投融资平台监管目录等问题。

2020 年，齐鲁财金集团资产总额达到 237 亿元，同比增长 24%；营业收入超过 65 亿元，同比增长 36%；归母公司净利润 7257 万元，同比增长 11%；缴纳税费 4547 万元，同比增长 87%。集团主要经济指标年均保持两位数以上高速增长。

助推经济：聚焦四大新产业，今年计划投资 40 亿元

续航里程是传统三轮电动车的三倍、配备智能交通系统、能够实时监控车辆运行及物流情况……2020 年 12 月 12 日，全国首辆智能新能源商用快递车在山东莱芜豪驰智能新能源商用车制造基地下线，受到广大市民和业内人士的瞩目。

这一由齐鲁财金集团有限公司投资建设、为快递员与商家带来福音的"黑科技"项目目前已完成工信部准入，2021 年预计可实现产能 5 万辆。今年，豪驰汽车又取得了无人车牌照，3 台无人车已经制作完成，预计 9 月底将达到整车运行条件。

小小的快递车及其生产基地，竟能创造多个行业第一：全国首辆智能新能源商用快递车、全国首个 5G 场景无人驾驶新能源商用车制造基地、全国首个智能可变车身生产基地。

2019 年 1 月，国务院批复同意山东省调整济南市莱芜市行政区划。近年来，借区划调整和新旧动能转换东风，莱芜区乘势而上、加速变局。这也给了位于莱芜区的齐鲁财金集团更大的发展机遇，它搭建投资平台，以股权投资、混改合作为纽带，引导高端产业和前沿技术在济南落地。

山东豪驰智能新能源商用车制造基地位于济南市莱芜区，建筑面积近 13 万平方米。该制造基地聚集超级轻量化核心部件、智能可变车身、先进氢能动力三大核心技术，整个项目投产后可实现年产销新能源商

齐鲁财金集团投资的山东豪驰智能汽车项目

用车及无人车 10 万辆，实现销售收入 100 亿元，创造税收 10 亿元。

莱芜黑猪是声名远播的地方特产，在做大做强本土黑猪产业过程中也有齐鲁财金集团的身影。从汽车到黑猪，其投资项目的跨界不可谓不大，但都与民生息息相关。

近年来，齐鲁财金集团积极投身现代农业与冷链物流产业，在其今年计划总投资 40 亿元的 26 个项目中，就包括投资莱芜黑猪 12 万头仔猪和食品产业园、昊日农牧等现代农业和冷链物流项目 3 亿元以上。

齐鲁财金集团还牵头制定了我国目前唯一一个优质猪肉等级分类标准《雪花猪肉等级分级标准》，下一步将探索整合全省黑猪资源，打造高品质营养健康的特色猪肉食品。而在未来 5 年的规划中，它目标并购混改全省地方知名的黑猪企业，达到年出栏 60 万头的规模。

肉类生产和在冷链物流相辅相成，配套产业需合理布局。在冷链物流产业方面，齐鲁财金集团将以济南为总部，在北京、上海、广州、天津、嘉兴等城市投资建设 100 万平方米的冷链物流项目。

随着齐鲁财金集团的不断发展壮大，其重点投资的"新能源与节能环保、新材料、现代农业与冷链物流、大健康与医疗康养"四大产业体系也取得了长远发展，逐步由"公益性＋功能型"向"功能型＋市场型"

齐鲁财金集团与万泽冷链股份公司签约仪式

国有企业转型。该集团累计给予市内近百家企业各类资金支持近 200 亿元,投资省重点建设项目 5 个、济南市重点项目 4 个,切实为济南高质量发展提供助力。

动能转换:服务省十强产业、市十大千亿产业

如果说高质量发展是中国经济的一场大考,新旧动能转换就是这场大考中的山东答卷。2018 年以来,山东以十强产业为主战场,坚决淘汰落后动能,坚决改造提升传统动能,坚决培育壮大新动能,努力在转方式、调结构、增效益上发挥"领头雁"作用。

近年来,山东省和济南市新旧动能转换亮点频现,不无齐鲁财金集团的贡献。作为国有独资企业,齐鲁财金集团全面落实政府"全方位服务实体经济"职能定位。对它来说,服务省十强产业、市十大千亿产业,既能服务省市经济发展大局,又能进一步优化国有资本布局。在其投资的项目中,不仅有项目填补了市场空白,还有项目一举打破国外技术封锁。

工人调试技术设备

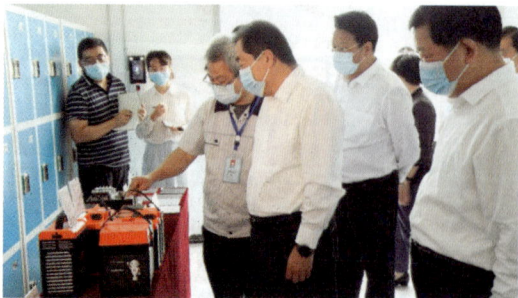

2021 年 8 月 28 日,山东省委常委、济南市委书记孙立成调研山东超电轻型动力电池项目

一方面,支持传统优势项目转型升级。奔速电梯全球首创"家用电器级直梯",与亚洲施耐德合作,实现转型升级;山东德坊项目填补国内高铁轨道压板市场空白;锦德荣耐磨钢项目打破国外弯管耐磨技术封锁;泰嘉不锈钢项目以打造培育世界一流、国内领先的高端不锈钢品牌为目标,助力济南工业强市……

另一方面,通过股权投资等合作方式,积极引导高端前沿项目落地济南。环磨控股工业选矿物联网平台项目,为央企、省属国企和知名矿山提供解决节能降

耗综合解决方案；超电轻型动力电池项目，实现了 800 秒快充，成为济南首家石墨烯材料产业化项目；微清医疗、奥朋医疗、乐沐钛医疗，以自主研发替代国外进口，下一步将落户济南股改上市……

此外，在园区及配套设施、搭建产业高位发展平台方面，齐鲁财金集团也发挥着作用。以中德热力项目为例，该项目为莱芜区企业提供蒸汽配套服务，助力"蓝天保卫战"。依托济南新旧动能转换起步区"南翼"国家粉末冶金特色产业基地和亚洲最大制粉基地的优势，项目高标准规划建设粉体新材料产业园，并已完成投融资方案，储备 MIM 注射成型、低成本钛粉等战略新兴产业项目多个。

齐鲁财金集团参加山东社会责任企业颁奖典礼

在新时代现代化强省会建设的冲锋号中，济南新一轮大发展、大提升的热潮正在掀起。在一次次抢抓机遇的历练中，齐鲁财金集团将继续聚焦主责主业，乘省会大发展、大跨越的东风，凝聚起投资兴业的磅礴力量，全面支持济南产业发展，助力谱写高质量发展的宏伟篇章。

（写于 2021 年）

改革启示：

"求木之长者，必固其根本。"坚持党的领导、加强党的建设，是我国国有企业的光荣传统，是国有企业的"根"和"魂"。

回望齐鲁财金集团的发展历程，以党建引领企业实现高质量发展的主线清晰可见。

齐鲁财金集团成立 4 年来，集团党委不断强化党建引领作用，夯实党建与业务融合发展之基。

党建标准化取得实效。制定了"党建制度可考量、党建细节可考证、党建氛围可考察、评先述优可考评"的党建管理体系，党建工作写入集团及子公司章程，所属党支部全部通过标准化建设验收，其中规划运营党支部被评为市国资系统党组织标准化建设示范点。

坚持党建＋理念，塑造"早快细严实"的企业文化。先后有多名同志获评市国资系统优秀共产党员、优秀党务工作者、"身边榜样"等荣誉称号，多名党员和积极分子走上中层管理岗位。

另一方面，该集团通过发展混合所有制经济，健全公司治理体系和中长期激励机制，焕发企业活力。

全面深化混合所有制改革。新增产业项目全部按照"国企实力、民企活力"融合发展的思路，成立混合所有制企业。筛选产业金融板块子公司进行试点，引入战略投资，加快推进供应链金融和区域性龙头担保公司建设，既撬动资金、管理、技术等资本，又做精做专做强细分金融业务。

探索推进中长期激励机制。筛选山东超电、豪驰汽车等子公司进行试点，逐步建立核心员工持股、超额利润提成等中长期激励机制，通过供应链管理、集成信息化管理系统等经营体制改革，增强资金流、信息流和物流的协同联动，优化资源配置，减少流程损耗，增强核心竞争力，提升经营质效。

奋进者走过的每一步，都在创造历史、改变生活。站在新起点，回望来时路，擘画新征程，更增奋进豪情。

"十四五"期间，围绕高质量发展，齐鲁财金集团将继续抢抓三大战略机遇，以实现"千亿产值，千亿资产"为目标，以新技术、新产业、新业态、新模式为核心，以知识、技术、信息、数据等新生产要素为支撑，充分发挥国有资本平台带动引领作用，全面推进企业改革，不断激发内生动力，促进产业智慧化、跨界融合化、品牌高端化，实现资本运营从量到质、从有到优的转变，打造产融结合、协同发展的标杆。

济南城市建设集团：
与城市发展同行，砥砺奋进担使命

2017年6月，为贯彻落实党中央国务院、省委省政府关于深化政府投融资体制改革、完善国资监管体制的重大决策，提升国有资本、国有资产统筹运营能力，做大做强投融资平台，济南城市建设集团正式挂牌成立。

回顾企业成立的4年，济南城市建设集团在济南市委、市政府的坚强领导下，以党建引领为抓手，认真做好城市开发建设、工程总承包、房地产、投融资、资产运营、农业康养等六大板块，呈现出更有活力、更高质量、更可持续的良好态势。

2020年9月1日，济乐高速南延线通车运行

集团整合：以厚积薄发之势育新机开新局

2017年，是济南城市建设集团整合发展的开局之年、起势之年。按照市委、市政府的安排部署，在市国资委的大力支持下，整合了西城集团、滨河集团以及市市政公用局、市城乡建设委、市交通运输委等下属26家企业，组建成立了济

南城市建设集团，标志着集团发展开启了新的篇章。

集团整合后便承担了济南市加快新旧动能转换先行区建设、实施"携河北跨"发展战略的标志性工程——济南北跨"三桥一隧"重点工程建设任务。

任务就是命令，执行就是担当。济南城市建设集团将桥隧建设作为"一号工程"来抓，克服时间紧、任务重、标准高等困难，举全集团之力快速推进，仅用了短短不到半年的时间，就办理完成了土地预审、规划选址、工可评审批复等立项前期手续。

2017年11月28日，国内最大直径的盾构隧道、黄河上第一条公铁合建隧道——济南黄河隧道开工建设。2017年12月31日，齐鲁黄河大桥、凤凰黄河大桥破土动工，标志着济南市"携河北跨"迈出了实质性步伐，拉开了由"大明湖时代"向"黄河时代"迈进的序幕。另外，由济南城市建设集团承建的济乐高速南延线部分工程顺利开工建设，北跨"三桥一隧一高速"建设全面拉开。

与此同时，集团在整合之初就承担了五大片区的开发建设任务。华山片区全面建设加速；北湖片区部分安置区开工，公园湖体开挖；吴家堡片区纳入国际医学中心范围的部分土地移交，济南全市首个在城中村改造项目中应用EPC模式的安置房一期工程主体封顶；西客站片区配套趋于完善，西部会展中心项目加快建设；大学城片区进入激活提升新阶段，华谊兄弟电影城电影小镇一期"老济南街"动工，济南国际园博园加快提升改造……

2020年12月29日，"三隧一桥"跨黄通道项目集中开工。时任山东省委常委、济南市委书记孙立成，时任济南市委副书记、济南市长孙述涛，济南市人大常委会主任殷鲁谦，济南市政协主席雷杰到项目现场调研

纵观整合后的济南城市建设集团，牢固树立省会意识、率先意识，干字当先，多点发力，努力提升城市建设发展水平，奋力争当全市"四个中心"建设排头兵，争做打好新时代"济南战役"的"先锋队"，为"打造四个中心，建设现代泉城"做出了巨大贡献。

多点破局：夯实"六大板块"赋能高质量发展

百舸争流千帆竞，借海扬帆奋者先。一个企业在做大做强的过程中，有具体而明晰的发展战略的重要性不言而喻。济南城市建设集团成立后，便明晰战略方向，即以"承载城市梦想，建设美好生活"为使命，培育形成"城市开发建设、工程总承包、房地产、投融资、资产运营、农业康养"等六大业务板块，努力打造"聚焦现代城市建设与运营的中国五百强企业"。

工程总承包板块即结合产业优势和技术实力，积极完善集团工程总承包资质，坚持走专业化发展道路，在基础设施领域精耕细作，集中力量拓展工程总承包和项目管理业务，大力提升 EPC 能力，实现以诚信服务业主、以质量赢得市场、以品牌促进发展。

房地产板块即充分发挥工程管理和项目建设优势，整合、打造完整的城市开发链条，培育核心竞争力，提升城市开发建设的综合能力，发展成为城市的综合开发商。

投融资板块即紧紧抓住投融资体制改革、国有企业改革等重要机遇，以优化金融投资板块布局为重点，充分发挥集团资金、资产、资源优势，对能够产生未来稳定现金流收入的房建资产及经营性项目收入进行清理和估算，对现金流的平均水平进行基本判断，形成集团可供证券化的"资产池"，不断增强融资和投资能力。

资产运营板块即以国有资产保值增值为目标，广泛借鉴各地资产经营管理先进经验，创新经营思路，盘活存量资产，在确保资产出租收益稳定提升的同时，孵化新兴产业，打造经营专业、模式多样、效益突出的综合性资产管理运营集团。

济南城市建设集团成立后，便逐步做大做强六大业务板块，积极打造建设集团品牌主业。目前，集团现已初步形成六大产业板块发展格局，子公司步入转型发展的新阶段。其中，城市开发建设板块聚焦土地熟化、片区开发、基础设施建设等方面，城市形象品质持续提升。工程总承包板块深耕济南市场，拓展外埠市场，2020 年完成年度合同额约 241 亿元，实现利润总额 24.68 亿元。投融资板块积极拓展投资空间，健全风控体系，不断增强投融资能力，2020 年全年实

2021 年 1 月 23 日，济南黄河隧道全线贯通

现利润总额 7700 多万元。资产运营板块统筹推进景区资产、房建资产、市政资产、苗木资产、石化资产经营管理，招商出租、资产管护、桥隧运营等工作取得新进展。农业康养板块湿地农场公司荣膺济南市"菜篮子"工程产销联盟理事长单位，2020 年年度营业额突破 1 亿元。金龄健康公司养老服务中心荣获"全国敬老文明号"荣誉称号，顺利完成市场化改革目标值。

党建提质：高质量党建引领企业高质量发展

坚持党的领导、加强党的建设，是我国国有企业的光荣传统，是国有企业的"根"和"魂"。济南城市建设集团成立后便从严从实抓好党建工作，使党的建设与集团改革发展同频共振。

济南城市建设集团在思想建设上突出"深"，强化理论学习，加强教育培训，做到深学、深悟，真正使灵魂净化、思想充电、精神补钙；在组织建设上突出"强"，深入推进党组织标准化建设，提升集团党建工作质量；在制度建设上突出"严"，严肃规范党内政治生活，着力增强管党治党"硬约束"；在队伍建设上突出"实"，坚持党管干部，严格选人用人，从严教育管理，打造一支忠诚、干净、担当的干部队伍。

"疫情就是命令，防控就是责任。"2020 年，面对突如其来的新冠肺炎疫情，济南城市建设集团严格落实省、市疫情防控工作要求，将疫情防控作为重大政治任务，以最坚决的态度、最严格的举措、最果敢的行动，全力打好这场疫情防控阻击战。

济南城市建设集团 587 名工作人员，投身防疫一线，分 16 批次下沉济北、济阳 2 个街道 11 个社区。驻村"第一书记"扎根抗疫扶贫一线，当好群众的"贴心人"和"主心骨",助力打赢疫情防控和脱贫攻坚"双线战役"。同时,集团积极践行国企社会责任,落实有关扶持政策,累计减免中小微企业和个体工商户房屋租金达 1.15 亿元,支持企业共克时艰,保持经济稳定运行。

在抓好常态化疫情防控的前提下,济南城市建设集团千方百计克服用工、物资紧缺等困难,多措并举抓好复工复产,与时间赛跑,全力以赴加快项目建设,坚决把疫情耽误的时间抢回来。先后组织开展了"大干一百天,打赢歼灭战"等活动,项目建设按下了"快进键"、跑出了"加速度",实现了既定节点目标。

2021 年 1 月 31 日,凤凰黄河大桥三塔封顶

截至 2020 年底,济南城市建设集团资产总额达 2539.69 亿元,同比增长 14.47%;年度计划投资 240.98 亿元,实际完成投资 299.5 亿元,完成率 124.28%;各项重要任务指标均超额完成。

改革发力:增强内生动力,释放企业活力

以创新求突破,以改革促发展。对于国企改革来说,坚持市场化的改革方向,推进规范的制度化建设,是落实国企改革的重要保障。

济南城市建设集团成立后便深入推进国有企业改革,以放活管好为导向,紧紧围绕提升企业管理效能和水平,加快形成有效制衡、科学高效的公司法人治理结构,积极稳妥推行职业经理人制度。对照新调整的部室组织架构,铺开摊子大胆开展工作，进一步理顺管理体制机制，提升集团总部在战略管控、职能管理、业务指导、服务保障等方面的能力。

绩效考核是企业实现有效管理的重要手段，在评价与激励员工、提升企业管理水平等方面发挥着重要作用。2020年，济南城市建设集团打破原来的"一刀切"考核，分类研究制定了考核管理办法。2021年，绩效考核工作全面铺开试行，将能牵动全局的关键指标纳入考核指标体系，进一步提高了考核的针对性、匹配度。

持市场化改革方向，以体制机制改革为抓手，重点围绕企业发展中的问题和短板，提出务实、有效的改革措施，激发企业发展活力和动力。济南城市建设集团进一步明确发展方向，拧紧承担政府战略意图和市场化经营两股绳，实现经济效益和社会效益相统一，逐步实现"两条腿走路"。

同时，济南城市建设集团明确各板块发展定位，打造提高产业造血能力，制定实施内部资源深度整合方案。扩大子公司市场化改革试点范围，研究确定子公司市场化的资产配置、授权经营、专业化运营模式。推进金衢公司混改后上市准备工作，制定实施集团子公司混改操作指导文件。推进深化人事、用工和分配制度改革，探索推行竞争上岗，形成各类管理人员能上能下、员工能进能出、收入能增能减的常态化机制。

目前，济南城市建设集团已成立战略咨询委员会，科学谋划改革发展路径；初步形成"管理部室＋事业部室＋子公司"的企业管理架构，管理层级更加明确，部门职责更加清晰；确立了六大产业板块、20家一级龙头企业，实现了子公司三级管控，大幅提高了管理成效；实施绩效考核"三年行动"，出台试行《绩效考核管理办法》，对部室、子公司进行分类考核；1家公司完成混改，2家公司完成市场化改革试点。企业改革迈出关键步伐。

时间的意义，永远都是赋予实干者的。济南城市建设集团正以"咬定青山不放松"的韧劲、"不破楼兰终不还"的拼劲，不忘初心、牢记使命，坚定信心、坚韧奋斗，坚定不移推动企业做强做优做大，努力打造国内领先的城市建设与运营综合服务商，在加快建设新时代社会主义现代化强省会的征程中奋勇争先！

（写于2021年）

改革启示：

作为一家刚组建不久的企业，济南城市建设集团快速发展的原因是什么？

济南城市建设集团自成立以来，始终牢记"国企姓党"和"两个一以贯之"，坚持以"党建引领"为抓手，全面加强企业党的建设，积极推进党建工作与业务工作深度融合，以高质量党建引领集团高质量发展。

攻坚克难，勇立时代潮头。济南城市建设集团作为市级投融资平台之一，承担城市开发、建设与经营的主业主责。面对国企改革发展的新形势、新任务，集团主动融入、深入落实黄河流域生态保护和高质量发展重大国家战略，实现了党建与业务深度融合、同频共振，有力地推进了企业高质量发展。

改革创新，完善治理结构。集团党委以"企业改革"为重点，坚持刀刃向内，勇于自我革命，不断加大改革力度。从成立之初的管理体制、工作作风、服务意识等诸多方面与集团经营不相适应，到成立集团战略咨询委员会，科学谋划改革发展路径，确立了六大产业板块、20家一级龙头企业，实现了子公司三级管控，大幅提高了管理成效。

勇于担当，践行初心使命。集团党委始终坚持"以人民为中心"的发展理念，为群众解决困难事和烦心事，用实际行动诠释了国企人的责任与担当，彰显了城建铁军的行动与自觉。

"潮平岸阔催人进，风起扬帆正当时。"作为城市建设的主力军、先行者、突击队，济南城市建设集团正以"咬定青山不放松"的韧劲、"不破楼兰终不还"的拼劲，充分发挥"建设人"新时代"工匠精神"，以实干实绩奋力在新时代社会主义现代化强省会建设中谱写新篇、再立新功。

济南建安：
风劲潮涌正扬帆，"济安之道"缔造"济南传奇"

　　济南建设设备安装有限责任公司是一家历史厚重、精艺传承、创新进取的企业，其间数次更名改制，在维护济南城市建设和正常运转方面起着至关重要的作用。白驹过隙，65 年只是弹指一挥间，而对于济南建安来说，却是一部艰苦卓绝、自强不息的发展史。

　　建筑安装业想要"走出去"，最终比的是技术"绝活"。从起伏不定到波澜不惊，从稳扎稳打到加速赶超，65 年的坚守，济南建安一直行进在建筑施工技术革新的道路上。覆盖工业、民用、石化、冶金、火电等行业的机电设备安装，先后承接多项省、市级重点建设项目的消防设备、锅炉、市政、环保、城市道路照明等的安装与调试，无数"济安人"艰苦奋斗、征战南北、一路凯歌，他们站在济南高质量发展的幕后，为城市带来荣誉的同时，也从未失去自身的光芒。于他们而言，屹立 65 年不倒，本身就是一个传奇。

泉标安装

西客站广场一体化亮化工程

启航之路：私企合营造就"济南建安"

安装行业是现代生活和社会经济发展不可或缺的重要行业之一。济南的安装行业，可以从1905年成立的济南市电灯公司以及1948年创办的济南自来水公司进行追叙。

1905年6月，济南市电灯公司建成。往后的时间里，随着老百姓用电需求逐渐增多，电灯公司工人的水平也逐步提高，并且因受不了当时的资本家剥削，纷纷出来"自寻门路"，使得一面贩卖电料、一面维修安装的电料行在济南逐步兴起。

与电灯相比，济南的水暖行业发展稍晚一些，1948年9月，人民政府接管水道管理处，定名为济南市自来水公司。当时自来水公司的大管工程基本包给日商三菱三井公司，小活都由自来水公司自己安装，此种外包制度一直延续到中华人民共和国成立前夕。

中华人民共和国成立后，各行各业如雨后春笋般相继而起，济南市电器安装行业与水暖安装行业也逐步形成，此时济南建安的前身已经呼之欲出。

济南建安的前身，是由15家私营企业合营而来，于1956年1月19日正式成立，命名为"公私合营济南建筑安装工程公司水电暖安装工程处"。当时，工程处成立之后，便对15家私营企业进行了资产清理，通过清产核资，全部资本净值只有37550.78元。

从1956年到1980年，"公私合营济南建筑安装工程公司水电暖安装工程处"经历了数次归属的变更、名称的变更，以及地址的变更。直到1981年按照"济

小清河亮化

齐鲁软件园消防工程

南市计划委员会（80）济计综字第 12 号文件"批复，更名为"济南工业设备安装公司"，1994 年改制为现在的济南建设设备安装有限责任公司，隶属于济南市国资委，名称一直沿用至今。

走南闯北：变身"济南工业小摇篮"

在济南建安的发展史上，企业几乎参与了济南市整个工业格局的搭建，是名副其实的"济南工业小摇篮"。

成立初期的济南建安，虽然设备与资金有限，但却拥有集各家精英聚合而成的 137 人的职工队伍。正是这 137 位第一代"济安人"，打破了创业艰苦的局面，凭借着过硬的技术和吃苦精神，出色完成了一大批省、市重点工程。

20 世纪 70 年代，济南建安走出国门，承接了毛里塔尼亚国际支援建设项目。面对当时严重的旱情，耗费 20 个月建成了输水管道工程，解决了毛里塔尼亚的燃眉之急，也逐渐在国际安装领域开拓出了自己的天地。

20 世纪 80 年代，改革开放的春风吹遍大江南北，国家加大了对科教领域、地方基础建设、工业改造、商旅服务等行业的资金投入。此时的济南建安，也紧紧抓住改革带来的机遇，推陈出新，继往开来，用老国有企业的人才和技术优势，抢先占领市场。先后完成了济南啤酒厂、济南卷烟厂、黄河水厂、南郊水厂、玉清湖水厂、舜耕山庄的机电设备安装工程，并完成了包括山东大学在内的山东驻济高校锅炉安装、东营新区建设，为城市供热、居民供暖做出了重大的贡献。

60 多年来，济南建安的足迹踏遍东西南北，走向了全省、全国，乃至全世界。一个个难度大、创新要求高的工程项目就像一座座丰碑，见证了企业发展的光荣

莱钢集团银山110KV变电站工程

西客站热源厂，济南市首个臭氧烟气脱硝项目

与梦想，也是济南建安智慧和汗水的结晶。

济南建安，成为济南市建设安装行业技术领先的一面旗帜。

济安之道：乘着改革东风继续蜕变

进入21世纪，全球经济一体化进程加快，各个行业都面临新的机遇和挑战。济南建安审时度势，大刀阔斧改革内外经营体制，在开拓市场的同时，调整改革发展策略，进一步拓展企业资质，成功实现转型和再次腾飞。

期间，济南建安先后完成了山东会堂、舜耕会展中心、济南数码港、齐鲁软件园、腊山热源厂、济南西客站的机电锅炉安装项目，并将济南最具标志性的建筑"泉标"竖立在泉城广场。济宁电厂电除尘工程、枣庄十里泉电厂除尘装置制作、华润电力曹妃甸脱硫系统工程等多项国家、省、市级重点环保工程项目，荣获中国安装行业最高荣誉"中国安装之星"称号的腊山热源厂锅炉安装项目，都为市民生活创造了极佳的生活环境，为国家的环保建设做出了重要贡献。

历经65年的岁月沧桑，济南建安的安装经营管理日臻完善，技术水平不断提升，以优质的建设项目创获了累累硕果。而如今又迎来前所未有的发展机遇，乘着济南新旧动能转换的东风，继续华丽蜕变。

时至今日，济南建安的经营规模、效益均已跻身山东省安装行业十强，具备建筑机电安装工程专业承包一级、消防设施工程专业承包一级、锅炉安装和改造一级、建筑工程施工总承包二级、市政公用工程施工总承包二级等共计14项资质，公司的经营范围也由最初的水电安装，发展到了可以承接各类机电设备、消防设备、锅炉、市政、环保、建筑智能化、钢结构、化工设备、压力管道、城市道路照明、电气仪表等项目的安装与调试，成为中国设备安装领域最具实力和竞争力的企业之一。

2020年，面对疫情的严峻考验，济南建安及时调整策略，对外抓经营、强主业，对内重管理、建队伍，通过内外兼修、深耕细作，确保了公司的持续健康发展。2020年共签订合同额 4.6 亿元，实现产值 5.67 亿元，这是公司 60 多年历史上首次突破 5 亿大关。

白驹过隙，65 年只是弹指一挥间，而对于济南建安来说，却是一部艰苦卓绝、自强不息的发展史。从无到有，从有到优，从优到精，这个老牌国企仍在不断发展、阔步向前，并将继续开创精彩的宏图大业。

（写于 2021 年）

改革启示：

65 年来，一代代"济安人"夙兴夜寐、承星履草，无论面临逆境、高歌猛进或是稳步发展，"济安人"都执着坚守，缔造了充满传奇与荣耀的济南建安发展之路。

天道酬勤。天行健，君子以自强不息。历经 65 年波澜壮阔的发展，济南建安从小到大，由弱到强，从国内到国外，始终与国家同荣辱，与社会同发展，与时代同进步，征战南北，一路凯歌。

地道酬善。"以德为先，德行天下"是济南建安崇尚、遵循的准则。在企业发展过程中，企业始终坚信，给客户奉上最高质量的产品，便是最好的德行、最大的善意。65 年来，济南建安完成了数不尽的工程项目，无一不是精品工程、良心工程。干一个工程，树一座丰碑，交一群朋友，拓一方天地，以一颗德善之心赢得世人瞩目。

人道酬诚。以人为本是济南建安一切工作的基石，不只是对职工的工作帮助、生活关心、环境创造，更是体现在人才培养和技艺传承方面。65 年的历程让济南建安明白，人才培养是真正保持济南建安这个老企业活力和动力的源泉。设立"济安助学金"，引进大量年轻优秀学子，一系列特色的后续培训，公平、公正、公开的选拔机制，使得一大批优秀的人才脱颖而出。

济南建安，一家历史厚重、精艺传承、创新进取的企业，正聚势汇能、华美蜕变，阔步迈向事业发展的崭新之道。

澳利集团：
因农而生，依农而长，以企业带动农村经济繁荣

澳利集团是济南市政府为加快农业产业结构调整、实现农业产业一体化经营、促进三农产业发展而组建的国有独资公司。作为济南市农业开发的投资主体和资本运营主体，20多年来，澳利集团因农而生、依农而长，服务三农产业，不断发掘济南农业生态资源，促进济南经济社会发展。

按照生物有机肥料、环保机械、进出口贸易、饲料添加剂4个主产业板块，以及农业产业基地等辅助产业的模式，澳利集团形成了以实体产业运营为核心的多板块业务集群。截至目前，澳利集团拥有7家控股公司、4家参股公司，企业产品和服务遍及国内34个省、自治区和直辖市，并同美国、加拿大、日本、土耳其、安哥拉等20余个国家和地区建立了良好的经济贸易关系。

推动企业混改，实现国有资产保值增值

成立于1999年6月的澳利集团，曾下辖28家子公司，涉及农业生产经营的各个领域。由于各种历史原因，不少下属企业陷入停产或破产困境，成为"僵尸企业"。

为进一步盘活"僵尸企业"资产，确保国有资产保值增值，澳利集团根据不同情况，一企一策，分别采取了破产清算、股权转让、资产托管等不同形式，克服重重困难，按时完成了章丘澳利罐头食品公司等8家企业的相应处置工作。在处置过程中，既充分保障国有资产保值增值和确保职工利益，又进一步促进集团整体瘦身健体，不断增强集团生产经营的活力和抗风险能力，使澳利集团整体生产经营持续健康稳定发展。

同时，澳利集团结合集团资产和经营现状，认真核查企业存量资产，采用"外部引进、内部促进、内外结合"的办法，以股权多元化、投资主体多元化为方向，加快国有企业股权多元化改革，积极发展混合所有制经济，成立了混合所有制企业济南中牧澳利科技有限公司、澳利环境工程有限公司和澳利农业科技（湖南）有限公司，股权收购了山东路政建筑工程有限公司。

2018年，澳利集团与山东齐鲁中牧生物科技有限公司达成投资合作协议，以澳利科技园区48亩（32000平方米）闲置土地，引进2300万元民营资本，合资成立了混合所有制高新技术企业——济南中牧澳利科技有限公司，主营业务为混合型饲料添加剂的生产和销售。2018年完成工商注册登记后，在最短的时间内就完成了项目建设的立项、环评、规划、施工许可等各项手续。2020年1月一二期建设工程正式完工投产，建成的复合维生素车间采用国际一流的全套布勒设备，顶级的配置能充分满足企业生产需要和发展需求。当年实现生产销售各类饲料添加剂1000多吨，实现销售收入7100多万元的佳绩，成为集团整体经营发展中重要一环。

截至2020年底，中牧澳利生物科技有限公司总资产已达7400多万元，有效实现了国有资本的放大功能和国有资本的保值增值，为澳利集团十四五期间实现跨越式高质量发展奠定了坚实的基础。

以农民增收为目标，切实发挥国企担当

作为济南市国资系统唯一一家涉农企业，澳利集团始终坚持以"农业创收、农民增收、提高农业对财政的贡献率和创汇率"为目标，发挥企业的辐射带动作用，推动地区农业产业结构和农产品种植结构调整，探索一条以龙头企业腾飞带动农村经济繁荣的农业产业化发展之路。

澳利罐头食品公司生产车间

成立于2000年4月的澳利罐头食品公司，曾是澳利集团发挥龙

头带动作用的重点企业，产品涵盖芦笋罐头等六大系列30多个品种，出口到韩国、加拿大等十几个国家和地区。澳利罐头在国际市场上打开销路，受益最大的是农民。依托罐头生产，澳利集团在章丘水寨、辛寨、高官寨、历城遥墙等地带动建设食用菌基地200多万平方米，建设了8000亩（533万余平方米）的芦笋基地和2000亩（133万余平方米）的黄桃基地，实现农户年均增收6000元以上。

成立于2002年的澳利辣味食品公司，则依托章丘当地辣椒加工的传统工艺优势，带动章丘官庄、曹范等乡镇发展辣椒基地1000亩（66万余平方米），为干旱山地农民提供了一条致富途径。

在立足济南区域农业传统种植优势，以加工企业带动基地规模化发展的同时，澳利集团还充分发挥国企担当作用，全力以赴做好湘西扶贫工作。湘西盛产柑橘、脐橙、猕猴桃、葡萄、辣椒等优质水果蔬菜。但近年来，随着化学肥料的不断投入，当地土壤状况酸化、板结、根系得不到良好的营养，导致农产品口感下降，营养成分降低，出现了销售困难、产品滞销的状况，严重影响了当地农民的收入。

为切实解决当地农产品品质下降，产品滞销的现实问题，2011年7月，澳利肥星生物菌肥进入湖南市场，发挥自身优势，运用生物有机肥和提高种植技术，引导种植户科学种植，通过改变施肥位置、施肥品种和施肥时间来改良土壤、改善土壤环境，从而促进作物根系发达，植株健壮，农产品品质提高，营养丰富，最终达到增产增收的效果。通过施用澳利肥星生物菌肥，湖南的脐橙远销香港，怀化的辣椒出口到澳门，提高了当地种植户的经济收入。同时，澳利集团多次派出农技专家，召开种植户培训大会，进行试验示范和推广工作。

2021年，澳利集团又投入甘肃临夏州的扶贫攻坚工作之中，充分发挥自身农业产业龙头企业的资源和技术优势，与临夏凯润农牧投资发展集团等当地多家国有企业展开了良好的沟通和协作，为当地产业扶贫工作贡献力量，切实体现了澳利集团身为国有企业的责任与担当。

坚持科技创新和模式创新，增强企业发展内驱动力

近年来，澳利集团在加快企业改革改制的同时，还进一步加强企业自身新

产品开发能力，先后承担了国家星火计划项目、山东省及济南市科技计划项目和农业科技成果转化项目、国际合作项目，在生物有机肥料、环保机械和饲料添加剂等产业板块的技术创新和品牌发展实现了突破性发展，成功开发了肥星牌生物有机肥、有机固体物发酵设备、罗茨鼓风机等多个行业领先产品，并构建了完善的罗茨风机、有机肥市场销售网络，先后塑造了"肥星""海福德"等一系列企业知名品牌。

其中，澳利新型肥料公司不断深化与科研院所的项目合作力度，完成了多个项目的研究与开发工作，"抗生素发酵废渣资源化利用技术及系列产品研发"项目和"高效降残抑菌微生物技术研究及新产品开发"项目分别获得了山东省科技进步二等奖、济南市科学技术进步奖一等奖，"多功能微生物肥料的生产及应用"项目获济南市科技进步三等奖。

有机肥发酵设备

澳利新型肥料公司生产的有机肥

"海福德"牌风机

这些科研成果不仅对农产品具有增产增量的效果，而且能够防治植物土传病害和根结线虫，降低农药的使用量，带来了良好的社会和经济效益。

山东海福德公司也积极更新设备，创新产品工艺，先后通过了ISO9001：2000国际质量管理体系认证，是中国通用机械工业协会风机分会会员单位。"海福德"商标被评为山东省著名商标，"海福德"

牌风机被评为济南市名牌产品。山东海福德公司以鼓风机研究所为平台，与西安交通大学、山东理工大学、齐鲁工业大学等院校深入合作，现拥有 24 项国家专利技术，全部应用到风机制造之中，大大提升了产品的技术含量。

澳利进出口公司近年来面对复杂多变的国际形势，在不断完善进出口业务代理平台的基础上，积极推进互联网＋电商服务平台，研究细化与工厂合作出口的运营模式，加快业务板块的调整，成功开发了与济宁晨光胶带合作的矿山用输送带业务、工程机械配件业务、汽车轮胎业务等，并成功开发土耳其自营业务。通过优化调整业务和产品结构、创新经营模式、开拓新兴市场、以变求活，不断促进企业的发展壮大。

改善农村生态环境，实现经济效益和社会效益双收益

澳利集团自成立以来，不但坚持以企业自身优势带动农民提高收入，更是致力于改善生态环境，竭尽全力为"关系 6 亿多农村居民生产生活环境，关系农村能源革命，关系能不能不断改善土壤地力、治理好农业面源污染"的"利国利民利长远的大好事"添砖加瓦，展现了国有企业的担当。

近年来，由于畜牧业生产带来的排泄物以及由饲料带来的毒残留物对生态环境的污染越来越严重，针对这一问题，澳利集团下属澳利环境工程公司借助于集团公司 20 多年生物有机肥的研发、生产经验和创新技术，与山东省农科院等科研院所组建成立了畜禽废弃物与秸秆综合利用创新团队，开展技术攻关和产品研发，在济南市长清猪场建立了占地面积 600 平方米，处理能力 12 立方／天的养猪场粪污处理仓，形成了生物发酵仓处理养殖场粪污技术方案，实现畜禽粪污无害化处理和资源化利用，既净化了环境，又进行了资源化再利用，同时也提高了养殖户的收益。

2021 年上半年，澳利环境工程公司又参与了潍坊市高标准农田建设。通过打机井、建路，完善用电设施，土地整治的方式，把 8000 亩（533 万余平方米）一般农田建设成为集中连片、设施配套、高产稳产、生态良好、抗灾能力强的农田，方便了农民耕种，提高了农田的产量。同时，澳利环境工程公司还先后调研了污泥处理、菜叶有机化利用、国网电力建设、节能、余热回收、土壤修复、厨

余垃圾处理及农村环保项目等等，取得了多项实际进展。

今后，澳利集团将在济南市国资委的领导支持下，继续巩固和全力推进在现有经营领域的发展和壮大，积极寻求新的涉农领域和增长点，努力实现生产经营规模的跨越式新突破，为济南市农业产业发展和新农村建设做出应有的贡献。

（写于 2021 年）

改革启示：

作为市属国有农业龙头企业，澳利集团在 20 多年的发展历程中，历经了政府扶持快速扩张、市场竞争自主经营、解放思想改革调整、与时俱进创新求效 4 个发展阶段。

20 多年来，澳利集团始终坚持党建引领，紧扣"围绕经营抓党建、抓好党建促发展"的工作思路，以党建促发展，推动党建与业务经营有效融合。集团努力把党建资源转化为发展资源、把党建活力转化为发展活力，推动企业生产经营高质量发展，企业经营业绩持续提升。

澳利集团 20 多年的每一步发展、每一次跨越、每一个成就，都离不开对科技的探索和创新。国家 863 项目课题、农业部重点课题、山东省及济南市科技计划项目和农业科技成果转化项目、国家星火计划……在一次次攻坚克难中，澳利集团取得了一系列突破性成就，内驱动力不断提升，发展速度不断加快，发展质量不断改善，营收、利润、资产总额屡创新高，为实现企业的跨越式高质量发展提供了重要支撑和保障。

广大职工群众是企业发展的动力和源泉，从立企之初的注册资本 50 万元、7 名职工，到如今的注册资本 11400 万元、13 家子公司、数百名职工，澳利集团始终坚持与职工群众同甘共苦，让企业的发展成果真正惠及每一名干部职工，职工群众的归属感、安全感、获得感、幸福感显著提升，企业的向心力和凝聚力得到进一步增强。

济南产发集团：
集聚产业格局，建设"国内一流投融资平台"

产业激活一城，产业成就万象。

作为支持区域内重点产业发展的投融资平台，在市委、市政府的坚强领导下，济南产业发展投资集团有限公司（下称"产发集团"）自 2016 年 2 月成立以来，坚持以高质量党建引领集团高质量发展，精准投资赋能高端制造业，用国有资本撬动社会资金进入实体经济，借市场之手精准培育新兴产业，在经济新常态下探寻国有资本投融资运营的新路径，为济南市新兴产业培育、产业空间布局、产业转型升级、产业结构调整提供引擎动力。

产发集团探索打造"总部＋业务子集团＋业务公司"的战略管控型产业投资集团，下设产发资本集团、产发园区集团、产发运营集团、产发企管集团、济南市工程咨询院、金德利集团等 6 个直属企业。截至 2020 年底，集团员工近 4000 人，资产总额超 200 亿元。

以"产业兴市，发展报国"为使命，聚焦"一体两翼"主业，济南产发集团正在建设成为国内一流的产业投资平台的道路上阔步向前。

高质量党建引领集团高质量发展

济南产发集团自诞生之日起就始终不忘初心、牢记使命，坚持党的领导，听从党的召唤，服从党的事业。秉承"抓好党建是最大的政绩"工作理念，集团着力提升党建工作质量，坚决落实"党领导一切工作"的基本方略，始终坚持树牢"四个意识"、坚定"四个自信"，紧紧围绕集团的责任使命，自觉把"两个维护"的坚定性体现在时时刻刻、方方面面。为不断增强党组织的创造力、凝聚力、战斗力，集团党委将党组织标准化建设提升和党建品牌工作作为重点，同时将其列为党委书记抓基层党建的突破项目，在党委书记主推主抓、其他党委领导班子成员齐抓共管的策略下，产发集团党组织标准化建设工作达标率100%。

强根铸魂国企兴，高质发展龙头扬。济南市委、市政府高度重视国有企业改革和国企党的建设工作，深入推进市属国有企业党组织标准化建设，在市国资委的部署指导下，产发集团打造"质量先锋·精品工程""做阳光安全餐饮，争党建服务先锋""以党建引领永葆创投本色"等30个党建子品牌，建立党建品牌梯次。其中，2个党建子品牌被确定为济南市党建示范点单位，实现党建工作与国企国资改革发展深度融合，以高质量党建引领和保障企业高质量发展。

强化高端产业引领，资本运作成效显著

为落实市委、市政府重大战略部署，产发集团累计投资40多亿元，全力推进集成电路项目建设进程，聚集高端创新资源，投资引进济南比亚迪半导体项目。助力新旧动能转换，与中科院空天信息研究院、济钢集团共同组建济钢防务技术有限公司，在行波管生产方面居于国内领先地位。与吉利科技集团合作新能源汽车换电站项目，累计建立换电站21座，可满足4000辆新能源车用需求。启动上线山东碳市场服务中心，山东首批发电行业338家企业全部上线，数量位居国内首位。

为服务实体经济，产发集团投向170多个硬科技和专精特新企业。参股企业累计上市（挂牌）34家，其中参股及控股主板上市公司达14家，包括鲁证期货、山东国信、国网英大、茂硕电源、兰剑智能、冠中生态、圣泉集团、中农联合、力诺特玻、能辉科技、汉鑫科技、欧玛软件。其中有7家企业为2021年上市企业。此外，投资企业山东天岳、三元生物已

济南产发集团投资企业圣泉集团成功登陆上交所主板

经 IPO 过会，正在等待上市；山东科源制药已经申报 IPO。这些被投项目领域覆盖新一代信息技术、新能源、生物医药、集成电路和高端装备制造等战略性新兴产业，形成了战略协同、优势互补、差异化发展的新格局。

2020 年 12 月 3 日，济南产发集团与茂硕电源签订并购控股协议，取得上市公司实际控制权——本次收购是在地方国资加速资本化的背景下，济南市级平台公司历史上首次收购省外上市公司的案例。此次并购将为济南引进相关产业链上下游配套企业。这意味着，济南国有投资平台正在发挥产业投资、产业引领作用，通过"建链、延链、补链、强链"，推动产业链供应链优化升级。

济南产发集团并购茂硕电源

以市国资委出台的济南市国有企业投融资管理制度为蓝本，产发集团通过持续增强融资能力，保障重点项目投资建设。整合重组以来，集团募集 30 亿元公司债，助力省市级重点投资项目建设。积极布局海外市场，快速在新加坡、中国香港等地设立业务平台，并完成 3000 万美元海外融资。在确保资金安全及省、市重大项目建设需求的前提下，集团实现了融资成本的逐年下降，并改善了融资结构，大量引入了国有大型银行的低成本资金。

以建设"国内一流的投资平台"为目标，产发集团现拥有产发基金、经发基金和科创投三大基金平台，并配套设立 46 支产业基金，构建了"2+N"母子产业基金集群布局，参与设立基金总规模 661 亿元，累计对外投资规模超百亿元。截至 2021 年三季度，产发集团资产总额达 215 亿元。

坚持"项目为王"理念，产业园区建设提质增效

整合重组以来，产发集团发挥自身优势，进一步明确了产业投资方向，向产业集聚化、专业化、特色化、规模化精准发力，产发集团先后投资运营国家健

2020年4月，中欧智造港二期开工

康医疗大数据产业园、中欧智造港、平阴标准化厂房、国家检验检测示范区产业园、国贸电商产业园等项目。

据了解，中欧智造港项目占地218亩（14万余平方米），总建筑面积约16.5万平方米，项目总投资约8.8亿元。一期北地块10.6万平方米已于2020年10月底交付使用。截止到2021年底，中欧智造港项目北地块已入驻34家企业，部分高新技术企业已进入正常生产经营阶段；二期南地块已于2021年12月底交付使用。黄河数字经济产业园项目是济南产发集团联合济南先行投资有限公司共同投资、建设、运营的PPP项目，未来3至5年，园区将在工业互联网、人工智能等领域培育一批独角兽企业，依托先行区广阔的下游应用市场，推动产业化、规模化经营，并反哺于自主研发，形成完整、闭合的数字产业生态圈，成为新旧动能转换的新引擎，打造黄河北岸"智慧大脑"。国家健康医疗大数据产业园项目计划总投资约40亿元，规划总建设用地面积265782平方米，总建筑面积约54万平方米，作为建设及运营主体的山东产发数字健康发展有限公司已于2021年7月17日在北方中心正式揭牌。

坚持改革创新DNA，管理效能显现

做强做优做大国企，必须坚定不移深化改革。在市委、市政府坚强领导，市国资委悉心指导下，2017年，济南产发集团与美国德勤咨询公司合作，确立集团战略定位、组织架构和人力体系，打造战略管控型产业投资集团。按照"市场化、专业化、规范化、国际化"的改革方向，当年着手制定集团"国企改革三年行动计划"，经过这几年的发展，集团制度建设、改革改制等领域精益管理，综合管理水平不断提升。

在制度建设方面，产发集团2018年在全市率先制定了《济南产业发展投资集团有限公司"三重一大"和重要事项决策权责边界划分办法》。该《办法》作

为济南市代表，为山东省《国有企业党委研究决定、前置研究讨论事项清单示范文本》提供了企业决策管理的先进经验。该示范文本（鲁组发〔2020〕8号）于2020年9月10日印发实施。

2020年，产发集团进一步优化发展战略，通过优化组织架构、市场化人才选聘、探索混改股改等方式，深化企业改革，在济南加快推进建设"工业强市"战略中贡献出"产发力量"。

在企业改革改制方面，为在规定时间内完成集团接收的25家"僵尸企业"，产发集团成立"僵尸企业"处置工作专班，克服时间紧、任务重、历史遗留问题复杂等诸多难题，在时间节点内保质保量完成了25家"僵尸企业"清理处置任务。在处置工作中，产发集团发现旗下有很多企业经营方向相似或者互补：有的企业有资金、有厂房，但市场开拓能力不强，一直靠收房租维持企业运转；有的企业拥有专业的市场人员，也有固定的合作客户，却因为资金不足无法做大做强。基于上述情况，产发集团选定了济南长悦进出口贸易有限公司、济南储运进出口有限公司、济南联世商贸有限公司、济南卓丰商贸有限公司、济南久泰农业机械有限公司、济南工业产品展销中心等6家企业，实施"六合一"整合方案，成立新企业济南产发物流有限公司，实现了"强身瘦体"，优化管理团队的同时把各企业的优势资源全部整合，最大限度地盘活了国有资产。

另一方面，权属企业济南电子研究所通过尝试员工持股、殡葬服务公司引入战投股权转让、济南产发农业科技有限公司引入占股出资新设等多种混改方式，迈出探索混改的步伐。

经过这几年的发展，产发集团在改革创新方面收获了累累果实：存在大量历史遗留问题的"僵尸企业"全部处置完成；积极推动权属企业混改，引进战略投资者，让企业重新焕发青春；融合企业资源形成产业合力，有力地增强了企业市场竞争能力。

产业运营灵活高效，守好"百姓粮仓"，彰显国企担当

在不断探索与发展的过程中，产发集团形成了以产业投资和产业运营为一体，以园区投资运营和产业金融服务为两翼的多元化业务发展战略，以促进新兴

产业孵化培育和推动产业结构转型升级。

投资和运营是两兄弟，一个"输血"一个"造血"，良好的运营才能达到好的支撑，只有如此，国有企业才能实现从上到下持续、健康地发展，从而增强服务实体经济的能力。

产发集团直属企业运营集团持续以自有资金对粮油食品、仓储物流、酒店管理与运营服务、人力资源咨询服务、环保技术服务、电子安全技术、农业技术服务领域进行投资和国有资产运营，旗下拥有济南第一、二、三粮库及山东碳市场服务中心、济南电子技术研究所、吉华大厦等15家企业。运营集团一方面顺利完成地方储备粮收购任务，担当尽责确保粮食安全。另一方面发挥优势助力山东碳市场服务中心创新发展，与5家金融机构签订战略合作协议，山东首批发电行业338家企业全部上线，上线企业数量位居全国第一。

结合投资建设和管理多个产业园区的实际需要，产发集团赋予了直属企业企管集团负责产发集团不动产统一管理的职能属性。产发企管集团与第三方合作组建的产发连心物业管理有限公司，专业服务于工业园区，定位于"一专多能"，既为产发集团园区发展提供运营支撑，又为企管集团固定资产管理提供服务。

承担着济南市国有粮食战略储备等公益性建设与服务责任的产发集团，旗

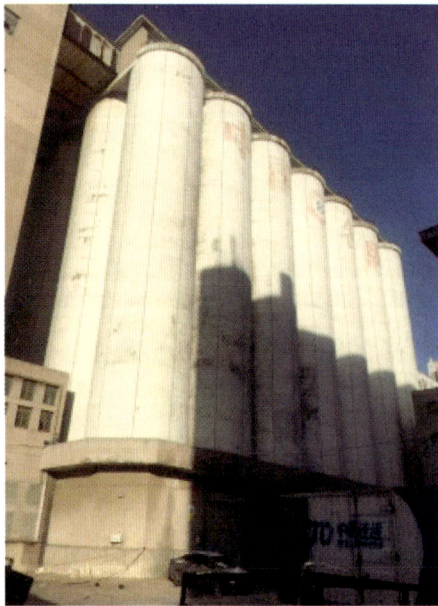

百年企业北山粮库立筒库

下权属企业北山粮库跨越百年历史，依然风采依旧——它见证了近现代储粮发展变迁，目前已被市政府纳入工业遗产博物馆的重要清单目录。

在济南天桥区宝华街135号北山粮库，矗立着一座40米高的白色圆筒建筑，它是全市唯一完整保留下来的储存粮食的立筒库，是济南粮食企业的标志，见证了济南近现代粮食行业的发展。

自20世纪20年代始，在很长一段时间里，济南是全国六大面粉生产中心（上海、无锡、汉口、济南、哈尔滨、长春）

之一。1918 年筹建、1921 年投产的济南华庆面粉股份有限公司（华庆面粉厂），时为济南七大面粉企业之一。华庆面粉厂 1955 年实行公私合营，1966 年并入济南北山粮库成为济南北山粮库的制粉车间。1983 年济南北山粮库改称济南北山面粉厂。作为有着百年历史的老国企，一个世纪以来，北山粮库经历了从中华人民共和国成立前到中华人民共和国成立后、从计划经济到市场经济的发展阶段，经历了辉煌、衰落、整合、发展的艰辛历程。

2017 年，济南北山粮库归并济南产发集团，新时期的北山粮库被赋予了新的使命。目前，北山粮库已经被济南市政府纳入工业遗产博物馆的重要清单目录，济南市赋予这座百年粮仓"传承工业文化，保护工业遗产"的重任。在市委、市政府的坚强领导下，产发集团将探索"产业＋文化＋园区"的创新模式，围绕粮食文化，打造北山粮仓粮食文化博物馆，讲好百年粮仓的传承故事。

"民以食为天"，粮食事关国运民生。在济南，不仅仅是北山粮库，济南产发集团所属企业济南第一、二、三粮库以及济南民天面粉有限公司，都肩负着做好地方粮食储备、维护粮食市场稳定的重要职责，为济南守好"百姓粮仓"，端稳"百姓饭碗"。根据市委、市政府要求，面对新时期新形势下的市场需要，产发集团旗下各大粮库正在加快高质量发展的脚步，新动能正在发挥提质增效作用。

（写于 2021 年）

改革启示：

济南产发集团聚焦党建引领、产业投资、资本运作、项目建设、改革改制等重点工作，在战略性新兴产业培育、上市公司跨省并购、海外业务拓展、特色园区打造等方面不断实现创新突破。

一直以来，济南产发集团聚焦投资主业，以产业投资和产业运营为核心，强化项目为王的理念和导向，着眼高端、把准产业发展趋势，坚决发挥产业基金募资和撬动作用，推动更多好项目落地。

在改革创新方面，济南产发集团通过不断完善现代企业制度、快速响应国企混改要求、优化组织架构等方式，深化企业改革，全面聚焦主责主业，蹚出了一条国企改革攻坚的"产发路径"。

济南市投资控股集团：
16年破壁攻坚，打出济南国企改革的"控股样板"

2005年7月，济南市政府设立首家国有资本运营平台——济南市投资控股集团有限公司，负责对授权范围内国有、集体企业资产履行投资、运营、监管职能，为市属国有企业改革发展提供服务和支持，着力打造在国企改革、资产管理、资本运营三大方面具有综合性和专业性独特发展优势的市属平台。

自成立以来，控股集团在市委、市政府坚强领导下，以党建统领全局，承担起不同阶段的历史使命，从化解历史遗留问题入手，继而发力低效资产盘活，并同步积极推进转型升级、打造资本运营能力，形成了"三步走"的发展路径。

济南市投资控股集团有限公司现注册资本2.6亿元，现控股集团管理二级企业10户、三级企业20户，另托管改革退出企业20户

改革激荡 16 载，控股集团蹄疾步稳的发展历程正是济南国资国企改革迈出坚实步伐的生动注脚，这支护航国企发展的"冲锋队"也愈发壮大、成熟，带领济南国资国企在优化布局结构、激发企业活力等方面跑出了"加速度"。

诞生于改革："稳得住"集中化解改革矛盾

控股集团成立之初的规划之一是肩负起市属困难国有企业改革的重任，而困难企业优化调整便是化解改革矛盾的有力抓手。

数年跌宕岁月，承载着市属国企的兴衰，更承载着数万名困难企业职工遥遥无尽的等待与希望。一路波折与无奈，控股集团凭着 4 个"始终"达成多赢局面：始终不忘职工安置初心，始终坚守职工是无辜的、职工不容易的情怀，始终保持不达目的誓不罢休之韧性，始终以"事要解决"为己任。

自控股集团成立以来，在市国资委的支持下，由国资委划转的 63 户困难企业通过改制重组、产权出让、清算退出、吸收合并等方式，完成优化调整 59 家，妥善安置职工 4 万余人，剩余 4 户也已纳入推进混改和"僵尸企业"出清计划。

控股集团积极与国内知名投资机构进行洽谈交流，
为集团转型发展谋思路、求突破

2019 年，山东省召开"僵尸企业"处置工作部署会议，济南市市属"僵尸企业"处置工作任务也上升到省级层面。根据"僵尸企业"名单，济南市共有 104 户市属"僵尸企业"列入省级督办序列，涉及 16 家企业集团。

为打赢这场"僵尸企业"出清攻坚战，控股集团充分利用本集团资源优势，及直属公司济南市破产清算事务公司的专业经验和力量，在时间紧、任务重的情况下，先后抽调 12 名人员充实"济南市国资委僵尸企业处置工作专班"，协助济南市国资委全力推进"僵尸企业"处置工作。

截至 2020 年底，市属 104 户"僵尸企业"处置工作全面完成。其中，股权转让 1 户，破产立案 33 户，关闭撤销 68 户，管理提升 2 户。共涉及资产总额 44.12 亿元、负债总额 56.01 亿元。

济南市投资控股集团党委书记、董事长王伟表示，"僵尸企业"处置工作的完成标志着济南市国企改革更加深化，公平竞争的市场环境进一步优化。该项工作的完成也势必有利于减轻市属企业负担，助力市属企业更加高效地发展。

成长于改革：积极转型啃下"三供一业"硬骨头

"职工们对政策理解了，矛盾问题都解决了，正规物业公司进驻了，水、电、暖和物业管理都走上正轨了，感谢你们帮我们解决了'三供一业'分离移交工作的难题，你们真是我们的娘家人啊！"2019 年 12 月，中国邮政公司山东省分公司负责人冒着严寒来到济南市投资控股集团登门感谢。负责人口中的"你们"正是济南市投资控股集团破产清算事务有限公司。

这样的感谢，自 2017 年 10 月济南市"三供一业"分离移交工作交由该公司组织实施以来已不计其数。"三供一业"分离移交办公室墙上，多面锦旗默默讲述着该公司近年来"替政府分忧，为职工解难"的故事。中央驻济、省驻济、市属企业共 87 家签订"三供一业"分离移交协议，涉及居民 790951 户；国有企业办社会职能完成移交 102 个，实现了"三供一业"管理职能的移交和资产划转；在山东省深化国企改革工作领导小组办公室发布的数据中，济南市"三供一业"分离移交工作进度在全省 17 个地市中排名第一……这些沉甸甸的数字则是这支以剥离国企发展辎重、打通民生保障为己任的队伍，向全市国企交出的"三供一业"成绩单。

以剥离国企发展辎重和打通民生保障"最后一公里"为己任的国企管理后卫"铁军"，按期完成全市"三供一业"分离移交任务

2017年，"三供一业"等国企办社会职能分离移交工作全面启动，破产清算公司接手驻济央、省、市三级国企"三供一业"等企业办社会职能移交和退休人员社会化管理工作，涉及社区管理服务、退休人员社会化管理、技工及职业院校、职工医院、幼儿园托儿所、职工家属区物业管理等。开展初期，由于对政策的不理解和对牵扯利益有顾虑，产权单位和移交单位的积极性都不高。

把职工群众当自家人，把他们的难事当作自家的事，就没有办不好的事。面对这块涉及全市数十万户家庭日常基本生活的"硬骨头"，破产清算公司第一党支部全体党员主动请缨，组建了由11名党员组成的突击队，将87家企业分离移交任务挂图上墙，设立倒计时牌，建立定期调度制度和一月一通报制度并纳入考核。

破产清算公司攻坚克难的决心，驱散了企业职工群众脸上的愁云，也换来了骄人成绩。截至2020年底，济南市"三供一业"等国企办社会职能移交已全面完成移交协议签订、管理职能移交和资产划转等工作；教育、消防、市政设施、社区管理、医疗机构等已全部完成改革移交；退休人员社会化管理工作圆满收官。

腾飞于改革："一体两翼三核"跑出资本运营加速度

近5年，随着历史遗留问题化解逐步进入收尾，控股集团不忘"资产管理和资本运营"平台的最初定位，同步积极转型升级。集团确立了"低端扶持保就业、高端转型求发展"的总体思路，逐步摒弃直接进行资产租赁的低效业务模式。一方面继续扶持传统的原有产业，以保障员工就业稳定；另一方面，按照新旧动能转换的新

为进一步完善集团子公司法人治理结构，控股集团充分发挥企业董事会"把方向、议大事、防风险、管团队"的作用，提高董事会履行监督和决策职能的规范性和有效性，提升子公司依法合规运行水平

精神，利用自身资源，扎实推进业态升级，提高国有资本增值率。

按照"一体两翼三核"的资本运营发展思路，控股集团累计为 40 多家单位筹集近 10 亿元资金，解决近 30 亿元债务，盘活 30 余宗近 50 亿元资产。累计投资和吸引社会投资近亿元，实现自身存量资产的优化。

在新产业孵化和培育方面，控股集团自 2016 年至今吸引和撬动社会资本近 2 亿元，开展创新型业务投资，进行新产业孵化和培育。以混合所有制方式投资控股山东国宏现代物流公司、山东舜德物资有限公司，将实现集团营业收入亿元规模增长；参与省再担保集团转贷基金；以基金方式参与我省首个省属国企混改项目——山东省交运集团股权投资，目前基金运行良好，已实现首笔投资收益分红；联合中国 500 强企业深圳能源集团重组山东省节能环保公司，与省属企业水发集团成立环保并购基金并购省外龙头危废处理企业，建链强链补链，助力济南市产业发展。

为充分发挥国有资本放大功能，更好地服务于全市国资国企改革发展，2020 年，省内唯一以"国企改革"命名的基金——济南国企改革发展基金应运而生。该基金筹备过程正逢疫情严峻时期，控股集团克服了审批单位未开工等一系列困难，仅用 2 个多月，就实现了正常需要半年才能完成的管理人备案工作。

目前，济南国企改革发展基金已完成管理团队组建、运营制度及体系建设，进入正常运营期，先后联合省属企业完成 2 只基金的设立，投资 3 个项目，基金管理公司管理基金规模已经达到 21.3 亿元。截至 2021 年 5 月 17 日，4.4 亿元的小鸭新动能产业投资基金已经完成决策程序进入实施阶段，该基金将助力小鸭控股集团打造年产值超过 30 亿元的智能制造园区，并使小鸭盘活资产彻底脱困成为可能。

筚路蓝缕启山林，栉风沐雨砥砺行。

近年来，控股集团扶持一批老牌国企熬过了断腕改革，从国有产权转让退出到"三供一业"分离移交，持续为国企卸包袱、减担子，破解了历史性难题。站在经济发展新起点，在市国资委的坚强支持和领导下，控股集团自觉承担起引领创新经济发展和进一步激活市场化资源配置功能的新使命，以打造区域特色资产管理和资本运营平台为着力点，助力国资国企寻找新的增长点、突破点、创新点，为济南经济高质量发展输送源源不断的控股力量。

（写于2021年）

改革启示：

成立16年来，济南市投资控股集团秉承"求真、务实、规范、高效"的文化理念和"勇于创新、敢于担当"的工作作风，立足为全市国企改革发展提供支持服务，承担起不同阶段的历史使命，从化解历史遗留问题入手，继而发力低效资产盘活，并同步积极推进转型升级、打造资本运营能力，形成了"三步走"的发展路径。在发展过程中，打造出了国企改革服务、国有资产管理、国有资本运营全链条的核心竞争力。

最初的10年，控股集团主要以市属企业改革为主，打造出国企改革优化调整的核心竞争力。为集中化解改革矛盾，对市属困难企业进行了三轮集中改革，不仅出色地完成了维稳任务，更分门别类地将困难企业优化调整后剥离的资产进行整合、运营，确保发展环境不断和谐向好。

在应对纠纷的同时，控股集团也切实发挥"资本运营平台"的作用，在国企纾困、债务和解、债务清偿、资产盘活、资产处置等环节冲锋在前，积极发挥资本运营优势、发挥土地收储职能、发挥企业托管优势，在济南市国企改革发展历程中画下了浓墨重彩的一笔。

近5年，随着63户历史划转企业遗留问题处理接近尾声，控股集团在打造企业改革服务核心竞争力的同时，并行打造资本运营核心竞争力，为改革过程中积累的国有资产价值形态转换和产业回归不断打造新动能、新模式、新业态，锤炼出一套从困难企业接手、改革发展、破产清算、职工安置、僵尸企业消化、债务和解、土地收储、投资运营、产业培育环环推进的业务职能体系；锤炼出一支既能继承传统业务优势，又能适应未来战略转型需要，充满干事创业激情的人才队伍；构建起了系统全面规范高效的运营管理模式和制度体系，围绕"打造具有地方特色的专业化市属改革服务和资本运营平台"这一目标飞速前进，为济南市发挥好国有资本放大功能、推进国有企业高质量发展提供了有力抓手。

济南文旅集团：
文旅兴城，擦亮泉城旅游品牌

2017 年，随着济南市将文旅产业列入十大千亿产业重点扶持，列入新旧动能转换项目重点推进，并提出"大力培育旅游龙头企业，推进产业融合发展"，文旅产业迎来前所未有的发展机遇。同年 6 月，济南文旅集团应运而生，成立 4 年来，它借助文旅产业发展和新旧动能转换的政策优势，以做强产业、引入优质项目作为主要抓手，前行的脚步坚定而清晰。

党建领航：营造"头雁效应"，践行攻坚克难国企担当

党建工作与企业高质量发展如同"车之双轮""鸟之双翼"，二者相互影响、相互融合、相互促进。自组建成立以来，济南文旅集团坚持一切发展依靠党建领航，精心布局文化、旅游、体育、会展、康养、园林、商贸等产业板块，初步形成了多元共生、多业共赢的大文旅产业生态集群。

济南文旅集团在坚持和保障党委科学决策上花大气力、下硬功夫，在文旅产业布局、项目建设推动过程中坚持发挥党委领导的"头雁效应"，科学谋划，合理布局，打造济南文旅产业的发展雁阵，实现产业齐头并进、项目多点开花。

在党委带领下，全体干部职工齐心协力，在急难险重的任务面前，在攻坚克难的关键阶段，摘了难摘的"枝头果"，啃下难啃的"硬骨头"，做成了一些过去没敢想的事情——

2019 年，济南文旅集团创新运营模式，成功举办首届泉城（济南）马拉松比赛。赛事获得央视五套实况直播，被确定为中国田径协会 A 类赛事；2020 年圆满完

成山东省旅游发展大会、首届中国国际文化旅游博览会、第103届全国糖酒会、大型交响合唱音乐会《黄河入海》等重大活动的保障服务工作，通过集团党委统筹调度、精心组织，用一流的服务树立济南文旅品牌形象，践行了国企担当。

2020年，在突如其来的新冠肺炎疫情的考验下，济南文旅集团涌现出一批敢于担当、勇于奉献的集体和个人。在新冠肺炎疫情防控工作中，充分体现了党建引领在强化文旅干部职工凝聚民心、团结奉献过程中的强大作用。

针对基层党建工作与企业发展工作不粘合的问题，济南文旅集团结合文旅资源，按照"一企业一特色一品牌"党建品牌创建目标，着力打造特色党建品牌。同时，为做好新时代党员教育培训工作，持续提高工作科学化系统化程度与理论实际相结合力度，济南文旅集团根据市委党校工作要求，成立了中共济南市委党校济南文旅集团分校，揭开了文旅企业党建文化提升和党员干部管理的崭新一页。

济南文旅集团坚持党建引领，发挥先进模范带头作用，为文化旅游事业提供了强大引擎动能，保障了各项工作安全、平稳、快速发展。

谋篇布局：打造"明湖秀"，引入优质项目

2017年6月，尚在成立之初的济南文旅集团发展基础相对薄弱，发展任务十分艰巨。起步即提速，开局就争先，作为济南寄予厚望的市属运作平台，做好顶层设计至关重要。按照"建设大平台、形成大产业、发展大文旅"工作思路，济南文旅集团迅速在市国资委等部门的帮助指导下，加大资源整合、优化资源配置，开始了谋篇布局。

不到一年时间，一个"王牌产品"呈现在市民和游客眼帘。2018年4月，"泉城夜宴·明湖秀"开始试运行。这场以大明湖为载体，汇集喷泉、喷火、喷雾、表演大船、投影激光等综合演绎手段的高科技视觉盛宴，呈现在市民和游客的眼前。

作为济南重点打造的城市品牌和旅游精品项目，"泉城夜宴·明湖秀"成为文旅融合创新发展、拉动夜游经济的成功尝试，取得良好的社会效益和经济效益。在后来的首届中国夜间经济论坛上，济南被评为"夜间经济十佳城市"，"泉城夜宴·明湖秀"被评为"游客喜爱的十大夜间演艺"。

那一年既是济南文旅集团紧锣密鼓、大胆尝试的一年，也是融合发展、收

泉城夜宴·明湖秀

获满满的一年。

同年6月，济南野生动物世界首届夜探动物城活动正式开幕，成为国内首个夜间开放的动物世界。

同年12月，济南文旅集团项目合作集中签约仪式暨文旅产业发展论坛举行，它一口气与39家单位集中签约，签约和招商项目共计360亿余元。

到了2019年，济南文旅集团先后赴德国、瑞士、法国执行出访任务，重点推介济南文旅资源，积极争取省级招商项目在济南落地。同时，还赴北京、上海对接合作，在"选择济南 共赢未来"济南与驻京央企合作对接活动上，济南文旅集团与北京德云社、北京德云红事会餐饮管理有限公司进行签约，达成初步合作意向。

作为济南文旅产业投融资平台，越来越多的签约项目既见证了济南文旅集团的不断壮大，也逐渐将济南文旅产业发展的新蓝图绘就。

2020年6月，济南文旅集团迎来3周岁生日。在成立3周年暨重点项目集中签约仪式上，它再度与国内外46家知名企业、单位等集中签约成为文旅战略共同体，涉及文旅小镇、主题公园、直播基地等领域，为济南文旅产业发展增添新动力。

品牌矩阵：管理运营核心文旅资产，打造城市新名片

要想打造文旅全产业链条，发挥资产资源的集聚效应和放大效应，济南文旅集团既要利用好现有景区资源，又要整合运营好全市优质文旅资源。

2019年6月，济南文旅集团管理运营了山东国际会展中心、舜耕会展中心和济南国际会展中心三大展馆，组建山东国际会展集团，实现全市会展产业的统一管理运营。2019年下半年，集团代管天下第一泉景区和奥体中心，管理运营

山东国际会展中心

济南核心文旅资产。2020年下半年，按照市里统一部署，集团控股山东泰山足球俱乐部和乒乓球俱乐部，全力推进俱乐部职业化、市场化、品牌化建设。

2020年底，集团取得2A信用评级，在城市更新、国企改革趋势中，大力推进资产重组并购工作，规模实力和影响力显著增强。济南文旅集团成立仅4年，却已构建出文化体育、旅游会展、康养园林三大主业，全面布局了文化、体育、旅游、会展、康养、园林、商贸七大产业板块，形成了多元共生、多业共赢的大文旅生态集群。

较成立之初，济南文旅集团资产负债率大幅下降，立足产业资源优化整合，资产管理运营能力不断提升，圆满完成年度目标任务，各项工作迈上了新台阶。

成立4年来，济南文旅集团相继策划打造了"泉城夜宴·明湖秀"等一批新文旅名片，所属景区干净整洁，游览井然有序，为市民游客提供了优质安全的游览环境，逐步打造出千亿文旅产业品牌矩阵，提高了济南的知名度和旅游美誉度。

文旅惠民滋养百姓幸福生活。济南文旅集团成立4年来，围绕打造国际旅游目的地的目标，加速融入济南城市发展新格局，落地实施10多个精品项目，策划储备80多个优质项目，用生动实践解答了文化旅游产业融合发展、国有企业高质量发展等新时代赋予的重要命题。

（写于2021年）

独具济南特色的曲艺表演

改革启示：

作为文化大市，济南历来不缺少发展旅游的地域资源，而缺少创新的理念、联动的思维。济南文旅集团自成立以来，就被赋予了破解这一难题的重任。

从成立之初的发展基础薄弱、发展任务艰巨，到一步步加快谋篇布局、加大资源整合、优化资源配置……正是因为不断推动资源整合，济南文旅集团的发展空间才越来越广阔，成立仅4年，已成为统一管理运营全市会展产业、代管天下第一泉景区等核心文旅资产的城市文旅产业运营商、城市美好生活营造商。

济南文旅集团从成立开始，就和城市发展的脉搏紧紧相连。它的发展壮大，离不开积极融入服务城市发展大局，由它重点推进的一系列标杆性文旅品牌项目既优化了城市环境、增加了百姓福祉，也为企业培育了新的经济增长点。

强强合作，强者愈强。济南文旅集团还积极与协会组织、媒体机构、知名企业，多领域多维度深入洽谈合作，补齐自身短板，持续扩大文旅朋友圈，努力实现多业融合，提升综合效益。

以文旅兴城为己任，以城为根，以文为魂，以旅为本，济南文旅集团正努力打造文旅生态集群，为推动强省会加快崛起贡献力量。

济南能源集团：
织就全市供热供气"一张网"，谱写绿色高质量发展新篇章

为解决供热燃气保障能力弱、服务质量参差不齐等问题，济南市委、市政府着力整合全市供热供气"一张网"，2020 年 7 月 30 日，济南能源集团正式揭牌成立。济南能源集团负责统筹济南市能源资源的投资、建设、运营、管理，在热力生产与供应、管道燃气供应、市政工程设计、施工和经营管理、新能源技术研发等领域具有雄厚实力，开展综合能源利用和服务，为用户提供一流综合能源解决方案。

2021 年是济南能源集团"一张网"正式运营的元年，正处于实现从"合"起来到"强"起来新跨越的关键时期。济南能源集团坚持党建引领、文化先行，思想融合、管理理顺，与热源、热网、高压环网运营、城燃服务运营、工程设计、新能源等重点工作紧密结合，与集团改革发展深度融合，以打造全国一流能源服务商为目标，围绕中心抓党建、抓好党建促业务，以高质量党建引领高质量发展，"一张网"成果显著呈现。

供热服务不再分东西部，24 小时温暖热线"一号对外"

在济南纬九路 35 号，曾有一座锅炉房。暗红色的墙体上，开有几个黝黑的、宽窄只有 40 多厘米的"小窗户"。如果不是工作人员特意介绍，几乎不会有人想到它是供工人钻进炉灶检查内部状况使用的。

这就是济南最早的集中供热锅炉房，始建于 1987 年。此后的 26 年里，它一年不落地为片区 1700 户居民送去温暖，立下汗马功劳。2013 年底，老式燃煤

蒸汽锅炉无可避免迎来"退役"，济南热电的接管拉开了供热行业提档升级的序幕。当时进行"汽改水"改造的换热站又33个，大大提高了周边近万户居民的供热质量。

在济南生活过的市民绝不会对"热电""热力"陌生。在比较长的一个阶段里，两家老牌国有供热企业以东西为界，服务泉城居民。除此之外，济南还有众多小型社会供热企业，小企业供热质量不达标、不稳定成为一些居民的心病。

市民为"供暖管家"的服务点赞

随着济南市委、市政府推进供热供气"一张网"建设步伐加快，济南能源集团被赋予了"织网"的使命。辛百成公司是一家小型社会供热企业，因供热能力有限，投诉率居高不下。2020年9月，经过反复协调沟通，济南能源集团成功与该公司签署《委托运营协议》，将辛百成所辖片区接入集中供热主管网，让居民享受到国企专业化"管家式"服务。这也是全市供热"一张网"整合打响的第一枪。

工作人员对供热管网情况进行科学调度

作为"一张网"整合工作的重要组成部分，济南能源集团按照2020年"起步年"、2021年"攻坚年"、2022年"收尾年""三步走"战略，优质高效完成自管站接管工作，实现"同网、同质、同价、同服务"，彻底解决供热遗留难题。集团仅用28天时间就将464个住宅小区供热自管站（网）、20多万户、2000余万平方米供热面积纳入集中供热"大家庭"；倾力打造"管家式"服务，803名"供暖管家"在电子地图上"一图呈现"，市民需求"一键直达"……

目前，济南能源集团供热"一张网"整合工作已全部完成，将进行供气"一

"张网"整合。今后，济南供热服务不再分东西部，济南热电所属片区供热用户全部划转至济南热力。济南热电定位为"热源公司"，济南热力定位为"热网公司"。为了把对用户的影响降到最低，济南能源集团采取了一系列措施优化服务，24 小时温暖热线也将"一号对外"。

建成 3486 余公里燃气管网，市民用气更加方便清洁

服务市民冷暖，供热、供气是基本的民生保障，济南能源集团所属山东济华、济南港华组成了供气"一张网"。

如今，市民使用燃气，只需拧开管道阀门、将燃气灶打火。使用之便捷，使人们很难设身处地感受，20 世纪 60 年代济南市民烧块煤做饭、取暖，连煤气是什么都没听过的处境。

如果追溯济南燃气史的源头，大约始于 1969 年底济南 20 户居民开始使用液化气。而再往前追溯，1967 年济南就有了"第一罐气"。

1967 年 12 月一个冬夜，时任原济南市城市规划设计室（现济南四大设计院前身）工程技术员的张良佑，从朋友口中听说北京有居民用液化石油气烧水做饭，非常方便。这让他辗转反侧，满脑子是怎么去北京求一罐气，拿来研究推广用。

经过一番艰苦的争取和半个月的颠簸，张良佑从北京求来的一罐液化气终于运抵济南。张良佑和伙伴们如获至宝，蹬上食堂的三轮车到各个单位去宣传，每到一处都是人山人海。这几位一腔热血的青年或许没想到，就是这第一罐液化气，敲开了济南燃气发展的大门。

1968 年，济南市煤气公司成立，济南进入液化气时代。

1992 年，济南市管道煤气公司（现济南港华）成立，管道煤气逐渐替代罐装液化气，成为居民家中的生活必需品。

1999 年，出于环保和安全性考虑，济南市引入天然气，进入天然气时代。

2005 年 2 月，原济南市管道煤气公司实现了整体合资，济南燃气供应由两家合资公司——山东济华燃气有限公司、济南港华燃气有限公司负责。

在山东济华的历史展馆里，记录着自济南市煤气公司成立以来的 54 年中公司产品如何经历了从液化气到焦炉煤气再到天然气的变化，以及为济南市民带来

方便与清洁。

如今，山东济华已建成高中低压燃气管网3486余公里，输气管线已跨过黄河。随着供气"一张网"整合的步伐加快，济南燃气正在迎来更大的发展机遇。

山东济华已建成燃气管网 3486 余公里

24 小时温暖热线对用户进行细致解答

以科技引领高质量发展，投身民生领域"新基建"

"新基建"是信息化基础建设的国家战略，也是未来城市发展必不可少的部分。近年来，济南能源集团以新发展理念为引领，以技术创新为驱动，积极投身供热燃气民生领域"新基建"，乘上科技的快车。

2020年，一些市民发现，能源服务界面悄悄发生了变化——全市范围的供热、供气管家都在一张地图上进行展示，这一变化令市民格外欣喜。据了解，济南能源集团推出的供暖管家、供气管家服务模式，成为其优化营商环境、打造全国一流综合能源服务企业的重磅举措之一。

"零资料""零跑腿"……在供气"一张网"整合方面，这既是济南能源集团响当当的承诺，更是沉甸甸的责任。该集团围绕"办理业务一站式，入户服务一趟清"目标，推行"1+N"服务；发布山东省首个燃气企业优化用气营商环境白皮书，实现燃气报装业务用户在线"零资料"申请。

在济南港华，供气管家被赋予了新的使命——全面升级为集安检、维修、咨询、协调"四位一体"的供气管家。同时，该公司全面推行代办服务，要求供气管家做到首问负责、主动上门、代办报装等手续，确保客户"零跑腿"。

"一张网"整合带来的变化，不仅体现在用户端，还体现在企业端。

服务终端200万户，燃气供热管线1.9万公里，能源站点3000个……这些数字的背后，是海量的数据信息以及几何指数增长的管理难度。按照"万物互联、过程上线，实时感知、运营可视，决策智能、管控精准，风险可预警、问题可追溯"信息化工作思路，济南能源集团自主研发全国同行业首个"综合资源管理系统"（简称ERP），以科技引领集团绿色高质量发展。

2021年9月7日，济南能源集团与金云数据签订战略合作协议，双方将在新城建平台数据对接入库、大数据分析、智慧建造、智慧运维等领域进行战略合作，助力"一张网"建设与完善，将为济南新城建和"双碳"工作做出新贡献。

当前，济南"一张网"成果显著呈现，"大能源"板块顺利迈入新阶段，必将为全力打造"五个济南"、加快建设黄河流域中心城市和"大强美富通"现代化国际大都市提供强有力的能源保障，贡献能源力量。

（写于2021年）

改革启示：

从济南数十家供暖、供气企业各自为战，服务质量参差不齐、规模效应难以发挥，到进行供热供气"一张网"整合，济南能源集团一"网"通办，市民是最大的受益者。

面对纷繁复杂的整合工作，党建发挥着大作用。自济南能源集团成立以来，积极践行"知行合一，为人民服务"的企业核心价值观，围绕中心抓党建、抓好党建促业务，以高质量党建引领绿色高质量发展，不断增强集团竞争力、创新力、控制力、影响力、抗风险能力。

"一张网"整合工作的顺利进行、集团各项事务的快速发展与济南能源集团对自身的准确定位密不可分。整合后，济南能源集团将每家下属企业进行重新分工，形成严密的产业链，着力打造四大优势板块，形成新的经济增长点。

在企业发展过程中，先进的信息化手段同样功不可没。济南能源集团积极顺应科技发展趋势，不仅自主研发全国同行业首个"综合资源管理系统"（简称ERP），还打通集团与所属企业之间、所属企业内部之间的信息传递渠道，建立线上行政办公流程，提高效率效益，提升竞争力。

作为市属一级国有独资大型能源企业，济南能源集团正以"打造全国一流综合能源服务企业"为愿景目标，做强主业、做大产业，不断推动集团实现从"合"起来到"强"起来的新跨越。

济南静态交通集团：
破解"停车难"，打造行业标杆

随着济南机动车保有量的逐年递增，交通供需矛盾也日益突出。近年来，伴随着济南强省会建设，城市的吸引力和辐射效应不断增强，全市机动车保有量已突破 300 万辆，也就是说平均每 3 个人就有 1 辆汽车。因此，停车问题成为制约城市发展和生活品质提升的顽疾。

为打造全市停车"一张网"，逐步实现对城市公共停车资源的统一管理运营，2019 年 1 月，济南城市静态交通管理运营集团有限公司（以下简称"济南静态交通集团"）由原济南停车集团更名组建成立，承担着管理城市公共停车资源的重任。

路内停车规范管理

济南静态交通集团更名组建后，迅速对全市道路泊位管理现状开展深度调

研摸排，制定"统一信息系统、统一资金管理、统一收费标准、统一收费票据、统一服装设备、统一考核标准"的"六统一"工作标准，形成详细的管理、巡查、考核、评价等配套制度。公司出资购置统一的手持终端PDA设备、工装、工牌等硬件配备，升级完善道路运营管理软件信息系统。目前，共设立示范道路211条，道路停车泊位15705个，道路泊位规范化管理工作正在全面、稳步推进。

2021年5月，结合济南文明典范城市创建，启动停车管理员培育为城市管理"五大员"（"城市停车秩序维护员""道路交通疏导员""违章停车监督员""文明行为倡导员""城市形象宣传员"）倡议，协同各区停车公司共同提高静态交通行业整体素养，展现济南文明城市形象和精神风貌。

路外停车资源拓展和建设

济南静态交通集团按照自身职能定位，积极拓展路外停车资源，不等不靠，加强拓展攻坚，累计取得20余个路外停车场运营权，泊位6000余个，所有车场进行统一标准化提升改造；在公共停车场建设方面，济南静态交通集团协同上级部门，围绕济南市公共停车场建设三年规划进行全面摸排调研，

将调研结果上报至市静态办、市住建局和市规划局，并通过投资建设了舜耕智能机械式停车库、市立三院升降横移停车库。

搭建全市静态交通信息化建设

济南静态交通集团聚焦行业发展，在上级主管部门的协同帮助下，自主研发建设我市静态交通云平台。该平台是我市智慧城市框架下静态交通专项分支，涵盖路内外停车、新能源充电、共享单车、医院"挂号＋预约"停车模式等城市管理和市民出行公众服务，与"智慧泉城"平台和"交通大脑"系统互联互通，是全国首个集路内外停车、新能源充电、共享单车等全领域为一体的静态交通城市级管理平台，也是打造全市停车、充电"一张网、一盘棋"的管理实施平台。

目前，该平台已基本研发完成，部分功能板块已在我市相关业务领域实际应用，其中道路停车管理系统实现市、区、道路、路段、岗位的五级管理体系；新能源监管服务系统实现充电站运行状态监控及市民购车补贴审核发放；停车充电"便民地图"小程序实现市民

通过手机端查询停车场及充电站位置、出行线路规划及实时引导、剩余泊位数及充电桩状态获取，已完成 2021 年市政府为民办实事工作要求；在市工信局的帮助支持下，济南静态交通集团配合市工信局等 8 个部门出台了全市静态交通云平台数据接入技术标准文件，通过市场化手段推进信息接入，已实现 211 条收费路段、364 个路外停车场近 14 万个泊位，346 个充电站、3503 个充电桩的信息接入。

践行初心使命，彰显国企担当

为贯彻落实在党史学习教育中开展"我为群众办实事"实践活动的要求，济南静态交通集团作为市属国有企业，显国企担当，方便广大家长接送考生，确保考试顺利进行，切实为考生营造良好的交通出行环境，自集团组建成立以来已经

连续 3 年举办"助力中高考"活动。济南静态交通集团联合各区停车公司，每年都会为广大送考车辆提供近 7000 个免费停车位。同时，每年在顺河高架 3 号停车场，集团都会设置爱心休息区，供送考家长休息，并提供防暑物品及防疫物资，为考生保驾护航。

为更具体地践行彰显国企责任担当精神，集团每逢节假日都会组织集团员工到各个项目进行值班值守，全力做好假期停车保障，确保停车场服务管理工作万无一失，展现济南静态交通最靓丽的风采。

（写于 2021 年）

改革启示：

济南静态交通集团自更名组建以来，从仅运营济南少数几个停车场，到专业化智慧停车产业集团，仅仅用了2年多的时间。

该集团建立的初衷，是为了缓解日益突出的城市停车供需矛盾。因此，集团成立2年来，始终以服务市民、破解停车难为根本，集团全体干部职工勇于担当，积极作为，主动协助政府各职能部门解民生之急，在政策引领、标准制定、产业拓展各个方面均取得了实质性的突破。

面对成立之初的历史遗留问题和错综复杂的市场环境，集团在各项基础管理、停车资源争取、停车信息化平台搭建、重点项目推进等方面迅速理清工作思路，从加强党的建设及党风廉政建设着手，不断强化队伍建设，优化业绩考核体系，加大绩效分配，实现了薪酬与绩效的量化结合；突出"实干、实绩、公认"导向，对在重点项目和重点工作中做出突出贡献的先进集体及先进个人进行表彰、奖励，激发了全体员工干事创业的激情。

集团的快速发展得益于不断创新，紧紧围绕市民的停车所需，明确了"以智慧停车云平台为支撑，多渠道增加公共停车资源供给，大力发展公共停车及后市场相关产业"的工作思路，提出了"始终坚持党建工作为第一要务、始终坚持以智慧停车云平台建设为基石、始终坚持以停车资源整合及拓展为生存之本、始终坚持以创新发展为动力、始终坚持以和谐发展为保障"的"五个始终"工作要点，扎实、有序地推进各项业务工作的开展。

一系列行之有效的创新改革措施，推动着济南静态交通集团在专业化、品牌化的道路上越走越远，朝着将静态停车工作打造成为城市名片、成为全国行业标杆的方向继续迈进。

莱芜交通发展集团：
坚持"项目为王"，为济南发展一站式服务

　　一站式服务，就像一个储备了充足货源的商店，让消费者一次买到几近所需的商品。作为国有功能型企业，莱芜交通发展集团有限公司（以下简称"莱芜交通发展集团"）就具备这样的能力。2017 年 6 月 7 日，莱芜交通发展集团注册成立。它的业务涵盖投资开发、工程建设等多个领域。虽然成立较晚，但莱芜交通发展集团基于"项目为王"的理念，强力推进重点项目建设，几年间已建设一批精品工程，在周边地区小有名气。

　　省会是一个省的政治经济文化中心，是区域发展的重要引擎，也是衡量一个省份发展质量的重要标志。2019 年 1 月，济南莱芜行政区划调整，莱芜区迎来新的发展机遇。同年 4 月 19 日，莱芜交通发展集团划归济南市国资委管理，成为济南市属国有企业，起航新蓝图。

　　近年来，莱芜交通发展集团以党建引领，把深化改革作为推动企业高质量发展的"关键一招"，紧紧围绕"完善治理、强化激励、突出主业、提高效率"的目标，打出深化改革"组合拳"。

谋划路径，改革激发市场活力

　　改革是解放生产力、增强竞争力的"有力法宝"。在党建引领的大旗下，莱芜交通发展集团刀刃向内，制定了《莱芜交通发展集团有限公司"国企改革三年行动"实施方案》，开展了一系列大刀阔斧的"自我革命"。

　　紧盯"公路施工企业划转不到位"的痛点，莱芜交发与蓝海建设集团开展合作，合资成立济南蓝海建设工程有限公司，成功中标莱芜城区西外环一期新建

段项目；加大并购重组力度，山东欣艺园林绿化工程有限公司先后收购了莱芜安诺得建材有限公司和山东勇创交通工程有限公司两家民营企业，整合了莱芜同盛源环保工程有限公司，组建了山东昊业建设工程集团有限公司，彻底扭转了主业带动不强的困境，坚定不移培育"济南蓝海、昊业集团、鲁班建安"工程系"三驾马车"。近期，昊业集团与大型央企合作，承接了临沂国际陆港片区道路建设工程，迈出了"走出去"的坚实步伐。

强化章程约束，夯实科学管理基础。推动同质整合，按照业务相近、实力相当、发展一致的原则，将4家规划测绘公司和3家国土测绘公司合并，实现了多测合一，规避了同业竞争，最大限度实现了优势互补，提升了市场竞争力。以"一流业绩"为导向，优化部室职能，提高工作效率；通过深化"三项制度"改革，落实工资总额与经济效益联动机制，通过"重实效、重实绩、重贡献"的考核分配激励机制，全面激发干部职工找项目、抓机遇、抢市场的竞争意识和开拓能力。

莱芜交通发展集团坚持把推动混合所有制改革作为提升市场竞争力的有效抓手。明确混改的原则、内容和实施步骤，通过专项调研，进一步厘清了混改的关键环节和工作重点，完成莱芜安诺得建材有限公司和山东勇创交通工程有限公司混改试点单位的申报工作。两家混改试点单位充分发挥出了国企的实力和民企的活力，积极抢占莱芜区、钢城区建设市场，先后承担了莱芜区文化路绿化和交安工程、高庄街道桥梁改造、豪驰汽车厂区道路硬化、中洋悦澜府混凝土供应、钢城区村村通混凝土供应等多个项目，混改企业优势初步显现。

承建大型工程，助力省会经济社会发展

2020年9月16日，在牟汶河大桥施工现场，随着最后一块桥板缓缓落下，莱芜城区外环路西环牟汶河大桥项目570块桥梁预制板全部吊装完成。自5月21日完成第一块桥板浇筑，到9月2日完成全部桥板预制，共历时119天，该项目再一次展现了"交发速度"，创造了"交发品牌"，展示了"交发形象"。莱芜交通发展集团以实际行动，为济南实体经济发展当先锋、做表率、扛大旗，助力省会经济社会发展。

长龙卧波，天堑变通途。牟汶河大桥的贯通必将进一步提升当地区位优势，

牟汶河大桥现场

为莱芜主城区南延战略的实施贡献力量，成为南部汶河城市风貌带的靓丽风景线。

同年 11 月 18 日，莱芜交通发展集团挂牌成立了莱芜城区外环路工程建设项目部，严格管理、科学组织、精心施工，统筹抓好质量、安全和进度"三大关"，对已建成的莱城大道进一步完善了附属工程、绿化工程，建成牟汶河大桥贯通主城区与高庄街道办，对促进当地经济社会发展，加快莱芜构建"一主两副三带多点"城市格局具有十分重要的现实意义。

抢抓政策机遇，建成山东首家一体汽车回收拆解基地

车辆虽然属于个人财产，但报废机动车是不能随意处理的，报废车的非法售卖，会导致不合格的拆车零配件以及拼装车流入市场，构成严重的交通安全隐患。随着我国机动车数量的持续递增，机动车如何报废、回收、循环再利用，已成为民生领域新的关注焦点。

2020 年 9 月 1 日，商务部等 7 个部门联合发布的《报废机动车回收管理办法实施细则》正式实行。《细则》从资质认定和管理、监督管理、退出机制、法律责任等方面对报废机动车回收处理做出了明确规定。在全省加快新旧动能转换，推动高质量发展的大背景下，莱芜交通发展集团抢抓国家政策机遇，创新创优创先，成立山东交融汽车回收拆解有限公司，高标准建成

废旧汽车拆解线

了山东省第一家集拆解、分拣、初级加工、回收利用等功能于一体的汽车回收利用产业基地，引领全省报废汽车回收利用产业健康持续发展。

2021年5月24日，山东交融汽车回收拆解有限公司顺利通过了省商务厅专家现场评审验收，获得了资质认定证书，并在短短1个多月内，快速形成拆解产能，在全市占有一席之地，解锁汽车拆解新市场。

下一步，莱芜交通发展集团将进一步统一思想、振奋精神，抢抓机遇、担当作为，不断促进国有资产保值增值，努力实现国有企业做强做优做大，为全力打造"五个济南"、加快建设黄河流域中心城市贡献全部力量。

（写于2021年）

改革启示：

莱芜交通发展集团更名组建仅4年，便从面临民生任务重、资产划转难、资金压力大等多方面的困难和挑战，发展成为拥有24家子公司的大型企业。

企业实现跨越式发展，离不开在党建引领下进行谋篇布局。莱芜交通发展集团党委带领广大干部职工先后完成了房地产、施工图审查、盐品批发等13家企业的接收，同时立足企业实际，围绕经济社会发展的新常态和国有企业做大做优做强的责任与使命，拓展延伸产业发展链条，全力打造了"一体两翼，六大产业集群发展"的完善产业链条，具备了为城市发展提供一站式综合服务的能力和水平。

成立4年来，在注重"量"的累积的同时，莱芜交通发展集团更加注重对"质"的追求，并把对"质"的追求融入区域发展大局，高质量发展不断迈上新台阶。

目前，国企改革三年行动在全国正如火如荼地进行，莱芜交通发展集团主动对标全市总体战略部署，坚持目标引领和问题导向，在完善公司治理、推进3项制度改革、发挥混改突破口作用等方面出真招、下实功，不断提升集团公司治理体系和治理能力现代化水平。

下一步，莱芜交通发展集团将继续坚持深化改革，突出主责主业，狠抓市场开拓，强化制度保障，全力冲刺推动重点工作落地见效，以强烈的使命担当，积极作为、带头攻坚，为新时代现代化强省会建设做出"交发"贡献。

济南国投：
优化国有资本布局，助力企业腾笼换鸟

在应对全球经济复杂变换的形势和挑战，调整经济结构、转换经济增长方式、创新国有资产管理体制的大背景下，为解决济南市属优势国有企业产业升级、困难企业职工安置资金瓶颈等问题，2009 年 9 月，济南市国有资产投资有限公司应势成立。

作为济南市国企改革的服务者和城市资源的整合及价值发现提升者，按照市委、市政府的部署，在市国资委的坚强领导下，济南国投以党的建设为统领，坚持党建工作与业务工作"两手抓、两手硬"，开拓进取、攻坚克难，通过投资、产业、人力、组织、资本和文化的优化组合，培育可持续发展的核心资源，发展成为具有区域影响力、品牌号召力的产业金融投资服务平台。

提供融资支持，助力老牌企业腾笼换鸟

自成立以来，济南国投公司明确自身定位，将主要资金用在济南市属国企退城进园，为市属国企提供融资服务，支持提高国有资本的高质量发展上。

作为一座老工业城市，济南国资系统有很多老牌工业企业，由于发展动力不足，在全面深化国资国企改革，加快新旧动能转换的背景下，或被破产清算退出市场，或进行腾笼换鸟退城进园。

齐鲁化纤集团、元首集团都是地处老城区的化纺企业，随着产业结构、产品结构的调整，面临着生产空间小、历史负担重等问题，活化资产、实现退城进园成了他们继续发展壮大的唯一选择。

而进行工业园建设，需要"先立后破"，资金是绕不过去的坎。为支持老牌企业扩大生产空间，济南国投公司发挥自身平台优势，面向银行、债务机构等进行融资，为齐鲁化纤集团和元首集团在商河、平阴、济阳3个新园区的建设融资15亿元，有力地支持了项目建设和企业的改革发展。其中，元首平阴工业园一期项目已完全达产，元首济阳工业园起点高、规模大，列入市重点项目，在2020年末按时投入使用，为实现企业的高质量发展奠定了坚实的物质基础。

齐鲁化纤生产车间　　　　　　　　齐鲁化纤工业园区

同时，济南国投对企业腾出来的土地和厂房资源进行熟化、运营，解决各类历史问题。济南诚通纺织有限责任公司地块改造项目是济南国投开发建设的重点地块之一，规划总用地面积约203.7亩（135800平方米），涉及居民208户，且大多是四棉破产企业的老员工，改造前，居住环境非常差，最头疼的就是雨雪天气，老旧房子不是漏雨就是停电。

因地铁规划、"中疏"政策及教育配套政策等发生巨大变化，规划指标进

行了多次调整，安置房方案也进行了多次修改，项目土地熟化所需资金大幅上升，资金问题一度制约项目进度。面对项目推进中的种种困难，济南国投公司突破资金困局，化解了熟化工作中一个又一个难题，使项目驶入正轨。

项目实施完毕后，不仅能给居民生活的改善带来质的飞跃，还能够盘活市区内工矿棚户区土地资源，利用土地收益支持元首集团退城进园实现高质量发展，对提升整个区域土地的总体价值、推进城市经济和规划建设具有显著作用。

做"幕后英雄"，助推企业转型升级

作为一家金融支持实体经济发展的政府职能化企业，在企业发展的关键节点上发挥作用，通过资金支持企业高质量发展是本分。

随着济南轨道交通的建设和快速发展，市场对盾构机产生了大量的急切需求。济南重工紧紧跟踪项目信息，适时抓住了这个千载难逢的大好机遇，但是，启动资金严重不足的问题也随之而来。

济南国投作为市属国有资本运营平台，充分发挥投融资服务功能，在银行增信和融资方面给予了关键支持。

为争取到央企金融机构的资金支持，济南国投公司派出专业团队，深入企业调研，了解盾构机项目的市场需求、国内生产商情况、进口成本，以及济南重

济南重工集团生产的盾构机

工的技术装备、人才储备情况，并分析企业将如何配置资源，确保项目成功。在详尽调查的前提下，济南国投公司用自身的信誉担保，最终为济南重工赢得了央企金融机构的支持，为济南隧道建设装备有限公司实施2.47亿元股权融资项目，为项目发展提供了8亿元的流动资金融资。

济南市轨道交通建设进入全新时期，此次股权融资项目的落地实施，及时满足了济南轨道交通建设对最先进的大型隧道掘进设备的急需，实现了济南装备制造业跨越式发展。同时，也带动了一批国有企业积极参与到济南轨道交通装备产业园的建设中来，这必将为济南"四个中心"建设发挥良好的推动作用。

在助力四建集团冲击百亿收入目标的过程中，济南国投也发挥了至关重要的作用。近年来，随着营业额的迅猛增长，在建项目不断增加，四建集团资金紧缺的矛盾突出，济南国投作为产业金融服务企业，共向四建集团提供了4亿元流动资金支持。

转变增长方式，投身产业资本运营

近年来，老企业的转型升级任务越来越少，济南国投的工作重点逐步向投资业务倾斜。由于可用资金有限，单纯靠自身有限资金难以实现有效投资。为此，济南国投采取与有实力的基金公司抱团的方式，借力发力。

2020年8月，济南国投作为有限合伙人认缴2000万元出资至济南建华投资管理有限公司管理的私募股权（创业）投资基金——济南建华高新创业投资合伙企业（有限合伙）。该基金总募集规模1亿元，基金已完成首期认缴出资额5000万元人民币。目前基金已完成备案。主要投资对象为先进制造技术、信息技术和医疗器械等处于成长期的企业，投资以山东省境内企业为主，兼顾北京和江浙沪等京沪沿线省市的企业。

对于济南国投来说，作为有限合伙人出资该基金，是公司参与混合所有制改革的一种形式，既能通过出资优化公司资产配置，又能通过参与基金运作学习优秀基金管理公司的投资和管理经验，提高公司资本运作的市场化水平；对于基金来说，该基金既有国有成分又有非国有成分，本身就是一种混合所有制形式；对于基金投资的企业来说，基金作为战略投资者对跨区域的实体企业进行股权投资，退出方式以 IPO 上市退出为主，通过推动被投企业股改上市，提高被投企业资产证券化率。

无论从投资主体、客体来看，该项目均是混改的一种具体实践形式，对于提高国有资本质量、优化国有资本布局、提升国有经济的竞争力具有重要意义。

同时，济南国投还开展对机构、企业、项目的筛选，建立项目库，进行动态管理，在顺势而为中搭上科技创新、智能制造的快车，以备将来能以高质量的投资实现高质量发展。

坚持党建引领，筑牢企业"根"与"魂"

济南国投 12 年的改革发展实践，进一步证明加强党对国有企业的领导是国企发展的"魂"，不忘初心、坚持主责主业是国企的"根"，依靠群众艰苦创业是企业发展的根本动力。

12 年来，济南国投始终坚持党的领导，党委认真贯彻党中央对国有企业的决策部署，坚决落实市委、市政府、市国资委布置的工作任务，工作中把方向、管大局、保落实。

加强各级党组织建设，基层党组织的战斗堡垒作用突出，党建品牌与经营工作紧密结合，避免出现两张皮现象，"没有脱离党建的业务，也没有脱离业务的党建"成为济南国投各级党组织的共识。

强健的党员干部队伍发挥了先锋模范作用，是济南国投攻坚克难的生力军。济南毛巾厂、济南诚通纺织 2 个项目是济南国投土地熟化工作的重点，涉及 260 多户回迁安置居民。作为济南国投党史学习教育中"我为群众办实事"的重点工作之一，为保证建筑质量，按期完工，济南国投项目负责人在项目现场办公，铆足干劲，争取按照约定时间保质保量完成安置房建设任务，让回迁的居民早日住上新房子。

济南国投一直坚定支持市属国有企业改革发展的主责，坚持产业融资服务、投资和资产管理的主业不动摇，关键时刻彰显国企担当。在新冠肺炎疫情发生后，济南国投积极发挥平台职能，进一步支持市属国有重点企业，为济南重工集团提供 2500 万元资金支持。自复工复产以来，济南国投为元首集团支付补偿资金 1.8

亿元，有力支持了元首集团复工复产和济阳工业园区建设。

企业的资源有限，济南国投将继续找准自己定位，与国家、省、市发展战略结合起来，找到结合点，放大资源的效能，办实事，开新局，推动国有经济高质量发展，为新时代现代化强省会建设贡献一份力量。

（写于 2021 年）

改革启示：

济南国投公司 12 年的改革发展实践，进一步证明加强党对国有企业的领导是国企发展的"魂"，不忘初心、坚持主责主业是国企的"根"，依靠群众艰苦创业是企业发展的根本动力。

济南国投公司始终坚持党的领导，党委认真贯彻党中央对国有企业的决策部署，坚决落实市委、市政府、市国资委布置的工作任务，工作中把方向、管大局、保落实；加强各级党组织建设，基层党组织的战斗堡垒作用突出，党建品牌与经营工作紧密结合，避免出现"两张皮"现象，"没有脱离党建的业务，也没有脱离业务的党建"成为各级党组织的共识；强健的党员干部队伍发挥了先锋模范作用，是攻坚克难的生力军。

12 年来，济南国投支持市属国有企业改革发展的主责坚定不移，坚持产业融资服务、投资和资产管理的主业不动摇，少走弯路甚至不走弯路，有力支持了市属国企"腾笼换鸟、凤凰涅槃"和实现供给侧结构性完成改革转型升级。

济南国投的发展，还得益于全心全意依靠职工群众，发挥群众的首创精神艰苦创业，凝聚起企业发展的内生动力，推动企业由小到大茁壮成长。

济南城投集团：
初心不改勇担当，无惧风雨展风华

作为市属一级国有独资企业，济南城市投资集团有限公司主要负责筹集、管理城市建设资金，投资城市基础设施建设及配套项目建设、棚改旧改、老旧建筑保护、重点片区建设，城市公用事业投资建设和运营等，目前拥有全资、控股子公司19家。截至2020年底，济南城投集团注册资本235亿元，资产总额1425亿元。

围绕建设"大强美富通"现代化国际大都市的中心任务，济南城投集团全力打造片区开发、民生保障、工程建设、金融资本及产业地产开发五大板块。以党建助推企业高质量发展，融入城市血脉，再造城市形象，一步一个脚印地在泉城土地上默默耕耘。

二十年栉风沐雨，九万里鲲鹏正举。

济南城投的组建与其后的变革，与20世纪90年代以来我国新一轮改革开放息息相关；与济南城市建设投融资管理体制的深化改革与创新息息相关；与党的十八大后国有企业转型发展、走向市场息息相关；与党的十九大后深化国有企业改革，推动国有资本做强做优做大，发展混合所有制经济息息相关。

多年来，济南城投服从全市大局，全力服务城市建设：泉城路商业街、泉城广场、顺河高架路、经十路拓宽改造、北园大街高架工程、济南奥林匹克体育中心……一个个精彩华章的背后，是"脚踏实地、开拓创新"的城投精神，是城投人的甘愿吃苦和无私奉献。

按照《山东省新旧动能转换重大工程实施规划》中构建"一先三区两高地"核心布局的部署要求，城投集团高标准打造济南中央商务区、济南国际医学科学中心"两高地"；组织实施雪山片区开发、济钢及周边片区开发改造、老商埠区保护与更新、马山镇城乡融合发展试点建设等重点片区建设；经十一路安置房项目提前一年实现回迁安置，用"济南速度"书写"总理答卷"；随着小清河 48 公里生态景观带改造提升工程全部建设完成并开放，泉城北部出现新的地标，"水清、河畅、岸绿、景美、宜游"的特色景致极大地提升了周边市民生活品质。

强攻坚：片区开发成效明显

2021 年 11 月 15 日，济南市 2021 年全市重点项目建设观摩评议活动走进长清区

济南城投集团聚焦国际医学中心建设，奋战"西兴"战略主战场。随着山东第一医科大学如期开学，北方大数据中心、质子中心陆续投入使用，安置二区、三区顺利回迁，以树兰医院为代表的"一线、一片、多点"项目在医学中心落地，医学高地效应凸显。

聚焦中央商务区建设，打造"东强"战略策源地。发挥运作平台作用，统筹同步推进超高层、基础设施及景观园林建设。1 座超高层建筑率先封顶，20 条市政道路全面通车，40 万平方米景观园林建成，用"城投速度"激发城市活力。2021 年底，基础设施及景观建设将全部完成，另外 2 座超高层建筑也将实现核心筒封顶。

聚焦济钢、雪山片区建设，争创"东强"战略桥头堡。积极筹措济钢去产能资金，推动土地收储、移交工作，森林公园、市政道路即将完工。济钢生态经贸港项目、雪山"创智云谷"产业园区即将启动，成为做强东部科创实力和产业能级的重要载体。

聚焦老商埠区，为"中优"战略注入强心剂。发挥成丰面粉厂百年建筑换新颜示范引领作用，积极推动"一园十二坊"规划策划，带动整个商埠区保护更新工作开展。

济南国际医学科学中心山东第一医科
大学校区

长清马山安置房项目

建设中的济南中央商务区

雪山片区深蓝时光项目

惠民生：持续提升城市功能品质

为全面提升居住环境，济南城投集团仅用17个月完成17栋、54万平方米的经十一路安置房建设和回迁安置任务，完美书写"总理答卷"。高质量建设济南中央商务区、济南国际医学科学中心片区安置用房，保证如期高质回迁。开工建设1.3万套租赁住房，保障新市民住有所居。

生态先行优化环境。投资实施小清河生态景观工程，蒋山山体公园，中央商务区东西绿廊、绸带公园，济钢森林公园，济南国际医学科学中心体育公园等景观绿化项目，打造宜居宜业生活环境，为全市营商环境持续提升注入新活力。48公里小清河生态景观工程、中央商务区东西绿廊已成为泉城景观的新亮点、新地标，为"国际

小清河生态景观带改造提升工程

花园城市"增姿添彩。

聚焦民生工程，做好供水、原水建设，保障供水安全，做好城市照明建设维护，做好教育配套设施建设，不断提升城市功能品质。

拓渠道：融资结构不断改善

在济南市政府和金融、国资监管部门的指导下，城投集团明确了通过设立民间资本管理公司、打造上市公司、筹建财务公司和融资租赁公司等形式，逐步建立全新的金融工具和运转渠道，形成多层次、多渠道的融资网络，使集团在股权、债权性资金，长期、短期资金，国内、国外资金等各方面协调配合，形成可持续发展模式。

济南城投集团构建起多层次、多渠道、多元化、可持续融资体系，不断改善融资结构，降低融资成本。截至2020年底，济南城投集团共融资666.9亿元，1年内成功注册私募、公募公司债券200亿元，其中私募分4期成功发行，创单只发行规模最大、同期限发行利率最低的纪录。

打通交易商协会融资渠道，60亿元项目收益票据获批。直接融资比例显著提高，确保重点项目资金需求，有力保障了集团运转和项目实施。

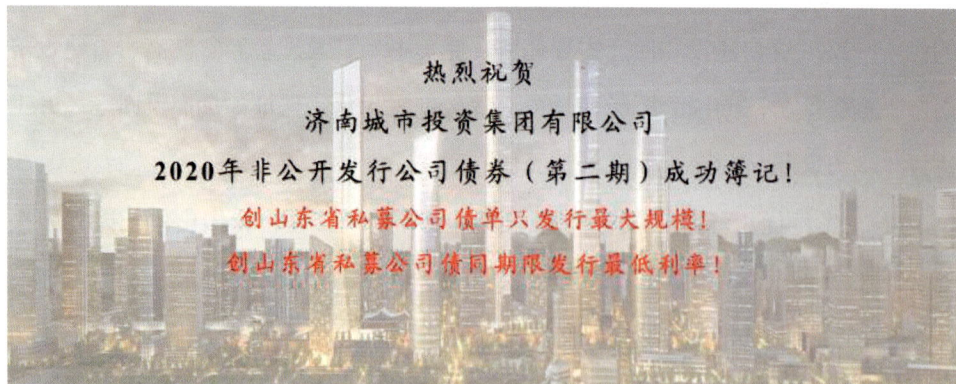

济南城投集团成功发行40亿元私募公司债券

广联合：招商引资取得新成效

聚焦中央商务区、济南国际医学科学中心、雪山等大片区开发建设，突出"招大引强"，兼顾产业落地和开发建设良性互动，主动对接行业内实力企业，联合辖区政府和职能部门对入驻产业业态严格甄选把关，实现片区健康有序发展。策划包装超过 50 个

济南中央商务区安置区及配套教育设施

重大项目，牵头完成招商引资项目 115 个，引入平安、华润、万科等世界 500 强企业，落地项目总投资超千亿，已到位资金超 400 亿元；牵头落地 9 个外资项目，使用外资超 10 亿美元。

抓党建：固本强基促转型

济南城投集团成立以来，领导班子始终坚持以习近平新时代中国特色社会主义思想为指导，全面贯彻落实党的十九大和十九届二中、三中、四中、五中、六中全会精神，深入贯彻落实习近平总书记对山东、对济南工作的重要指示要求，自觉增强"四个意识"，坚定"四个自信"，做到"两个维护"。坚定不移把全面从严治党引向深入，全面落实黄河流域生态保护和高质量发展重大国家战略，聚焦"五个济南""五个中心"，聚力"七个新跨越""十个新突破"，强力推进重点工作攻坚，为全面建设新时代现代化强省会提供有力支撑，成为城市建设主力军。

集团领导班子把重心放在把方向、谋战略、抓改革、促发展、控风险上，做好顶层设计，编制三年发展战略规划，通过吸收合并、破产清算、压缩层级、清理僵尸企业等方式，积极稳妥、持续有效推进企业整合工作。

践行国企社会责任，济南城投集团全面承担起济钢去产能、马山镇城乡融合发展、济南国际医学科学中心等社会效益显著、经济效益甚微的项目建设。下大力气妥善解决长期信访积案，困扰十几年的拆迁村民安置房办证问题也趟出了

一条有效解决的路径。

面对突如其来的新冠肺炎疫情，领导班子带领全体职工努力克服种种不利因素，率先复工复产，各项工作组织有序、推动有力、稳中有进，实现重大项目年度投资 338 亿元，超额完成投资计划，实现疫情防控和经济发展双胜利。

勇于创新实践，明确了以"公共服务和产业地产为产品，以资金为纽带、现有土地熟化项目为保障、重点工程建设为重点、金融服务为支撑、产业地产的开发建设运营为方向的市场主体"的发展思路。

展未来："十四五"再创新辉煌

2021 年 7 月 1 日，济钢 3200 立方米高炉正式亮相

勇担省城发展使命，投身泉城建设热潮。展望未来，济南城投初心不改，使命不渝。

围绕全市发展战略，济南城投集团秉承"缔造城市价值，共创美好未来"的核心理念，本着"战略为势定乾坤，创新为魂促发展，产业为本拓领域，资本为器造价值"的战略方针，以提升济南城市竞争力为根本目标，以城市投融资体系完善为支撑，积极打造"卓越的城市投资运营商"，向专注于城市可持续发展的集团化、产业化、专业化现代综合型企业集团发展。

根据市委市政府对济南城投集团的功能定位和要求，"十四五"期间城投集团的总体奋斗目标是：为加快建设"大强美富通"现代化国际大都市，着力打造科创济南、智造济南、文化济南、生态济南、康养济南"的发展大局服务，以经济效益和社会效益双重优化为目标，构建 "城市投资建设及运营、公用事业投资建设及运营、金融资本"三大主业板块，打造"集团化运作、专业化发展"的管理格局，形成相关多元化、协同发展的业务组合和产业链上下游延伸的经营格局。成为"职能清晰化、经营实体化、运作市场化、人员专业化、管理规范化"、集"引血""造血"和"输血"功能于一体的现代化国有集团。

为打造"卓越的城市投资运营商",城投集团本着"多元化经营、产业化发展、市场化运作、专业化管理"的指导思想,围绕三大主业,以全产业链经济的视角,通过横向一体化经营、纵向全过程经营,拓宽上下游产业链条。以资本为纽带,通过参股、控股、产权转让、产权收购、兼并重组等方式,实现横向"片区开发、公用事业、工程建设、金融资本"一体化经营、"融—投—保—贷—管"业态一体化的金融布局;重在发挥集团已有专业技术人才与投资的联动,通过"智力+资本"叠加放大的优势,充分发展自主主导投资的能力,继续完善投融资系统建设。

根据政策及形势变化,通过赴深圳对口企业学习观摩,借鉴其在产业地产开发的成功经验,城投集团明确向产业地产开发业务转型的发展思路。他们将产业地产作为集团片区开发的主要运作模式,在济南国际医学科学中心片区、济钢片区、长清马山片区、长岭山片区等进行推广,指导集团产业链的完善、金融模式的催化,补齐集团发展短板,扩大有效投资。立足打造科创济南、智造济南、文化济南、生态济南、康养济南,集团将成长为城市建设项目的融资、投资、建设和运营管理的城市园区运营商。

未来正来,济南城投集团融资能力、国有资本资产运营能力和完成全市重大战略投资建设能力已大幅增强。在市委、市政府的坚强领导下,济南城投将全力落实好黄河流域生态保护和高质量发展重大国家战略,在"东强、西兴、南美、北起、中优"的城市发展新格局中找准新定位,谋定新思路,为加快打造"五个济南"、建设"大强美富通"现代化国际大都市做出城投贡献。

海纳百川,行者无疆。成绩属于过去,未来任重道远。

面对市委、市政府赋予的新的使命和任务,面对全市人民的要求与期望,全体城投人不敢有一丝一毫的懈怠。泉城济南美好的未来,他们有信心共同创造,共同分享。

（写于 2021 年）

改革启示：

济南城投集团推进企业治理体系和治理能力现代化，提出重点围绕"一个核心"，突出"三个重点"的改革发展方案：紧紧围绕公司转型发展这个核心，重点改革管理体制机制、重点创新投融资体制机制、重点实施政策性业务与市场化业务双轮驱动，优化业务布局，实现资产市场化运作。

以转型发展为核心，明确战略定位。集团明确将"转型发展"作为工作体系的核心，找准战略定位，专注于城市建设服务和城市投资运营，形成与城市发展相关的投资、建设、运营、管理等系统服务能力。

以改革管理体制机制为重点，推进集团整合。明确母子公司定位，完善内部管理体系，建立母公司负责战略统筹、融通资金、监督考核、协同运作，子公司做大做强做实"经营中心"和"利润中心"的发展格局，为集团转型发展提供组织保障。

以创新投融资体制机制为重点，增强融资能力。投融资体制机制是城投公司转型发展的命脉。集团在巩固原有融资渠道的基础上，深入学习研究国家的金融改革政策，创新融资模式，超前做好政策承接配套，形成多层次、多渠道的融资网络，使集团在股权、债权性资金，长期、短期资金等各方面协调配合，形成可持续发展模式。

以政策性业务和市场性业务双轮驱动为重点，推进四项转变。

集团从决策、管理、经营等方面入手，转变思想，转换思维方式，坚决完成政府交办的"规定动作"，积极做好适应市场化要求的"自选动作"，着力推进"四项转变"：由政府性融资平台向具有融资平台功能的市场主体转变；由以土地熟化、项目建设为主向项目建设和城市运营并重转变；由一级市场土地熟化向一、二级市场联动并重转变；由地产开发出售向出售、持有、经营并重转变。